공병호의 공부법

운명을 바꾸는

# 공병호의 공부법

| 공병호 지음 |

21세기북스

# 공부가 해답이다

나는 직업세계에 뛰어든 이후 지금까지 20년간 '나'를 만들어온 공부법을 정리해왔다. 물론 완벽하지는 않지만 현재 내가 성과를 올리고 역량을 강화하기 위해 직접 활용하는 것들이다. 재미있고 흥미진진한 삶을 사는 데 크게 이바지하는 나름의 '위대한' 공부법이다. 앞으로도 나의 공부법은 추가되고 변형되면서 계속 발전해나갈 것이다.

서점에 나가보면 중고등학생들을 대상으로 한 공부법 책이 많으며, 온라인 서점 검색창에 '공부법'이란 키워드를 입력해보면 수십 권의 책이 쏟아져 나온다. 하지만 직장인들이나 자기 사업을 하는 사람을 위한 공부법 책은 손에 꼽을 정도로 드물다. 특히나 일반인을 위한 공부법 책은 참 '드물다'.

학교를 졸업하고 사회에 나오면 공부는 끝난 것일까? 나는 그렇지 않다고 본다. 나는 직업세계에서야말로 공부가 더 필요하다고 생각한다. 그런데 직장인들을 위한 공부법 책들조차 그 내용이 대부분 학교 공부법 책들과 크게 차이가 없으며, 직장인들을 위한 '공부법' 모델도 없다. 물론 학창시절 공부와 직장에서의 공부가 어느 정도 공통점이 있지만 다른 점이 훨씬 많다. 그러다 보니 많은 사람들이 공부를 통해 큰 성과를 내는 데 실패하고 만다. 그럼에도 불구하고 공부법에 무심한 사람들이 뜻밖에 많다. 공부를 제대로 하면 성과를 낼 수 있는데 말이다.

학교를 졸업한 이후의 삶은 학창시절보다 훨씬 길다. 노년까지 포함하면 최소한 2~3배 길다. 그렇다면 교사도 없고 교과서도 없고 정답도 없는 그 시기를 당차게 살아갈 방법은 무엇일까? 자신에게 꼭 맞는 '공부법'을 스스로 찾고 익혀서 실천하는 것이다.

이 책은 한마디로 '공병호식 공부법'이라고 보면 된다. 나는 학생들을 위한 공부법을 쓸 자격은 없다. 하지만 사회인을 위한 공부법을 쓸 자격은 있을 것이라 감히 자신한다. 나는 직장생활 초년부터 '나만의 공부법'에 관심을 둬왔고 지금까지 스스로 세상에 도움이 되는 콘텐츠를 계속해서 만들어내는 사람으로 '나'를 자리매김해왔기 때문이다. 아마도 내가 즐겨 사용하는 공부법 가운데서 여러분의 것으로 만들고 싶은 것을 많이 만나게 될 것이다.

이 책은 다음과 같은 다섯 가지 질문에 대한 답이다.

첫째, 공부법에는 무엇이 있는가?
둘째, 각각의 공부법 효과는 어떠한가?
셋째, 공부는 왜 하는가?
넷째, 공부는 어떤 메커니즘으로 이루어지는가?

다섯째, 제대로 된 공부를 위해 무엇을 어떻게 해야 하는가?


　나는 공부법을 가르치려고 책을 쓴 것은 아니다. 사람마다 공부법이 다를 수 있기 때문이다. 다만 나의 공부법을 상세히 정리함으로써 독자들이 힌트를 얻고 자기에게 맞는 공부법을 개발하기 바란다. 나는 이것을 하라 혹은 저것을 하라는 형식의 틀을 버리고 편안하게 이야기하듯 써내려갈 것이다.

　혹시 이 책을 읽고 나서 구체적인 공부 실천법에 관심이 있다면 공병호경영연구소의 5시간 프로그램인 '일반인을 위한 공부법 아카데미'에도 도전해보기를 바란다. 읽어서 배우는 것과 들어서 배우는 것에는 차이가 있기 때문이다. 여러분의 건승을 기원한다.


2012년 6월 공병호

# 차례

# 2부 총명한 삶의 궁리 '공병호식 공부법'

## 제3장 공부 근력을 키우는 일상혁명

## 제4장 완벽한 지식 라인, 지적 근육 만들기

# 1부

# 최고의
# 나를 위한
# 최선의
# '공부경영'

강력한 이유가 강력한 행동을 낳는다.

윌리엄 셰익스피어

제1장

# 왜 우리에게 '공부'인가

"우리는 모두 오래도록 사랑받고 존경받는
대상이 되기를 소망한다.
사회인으로서 우리에게 반드시 필요한 것은 계속해서
'쓸모 있음usefulness'의 자리에 자신이 남는 일이다.
공부하라.
공부는 사람들에게 필요하고 아쉬운 가치를 계속해서
공급할 수 있는 능력을 갖추는 일이다."

# 모든 멋진 삶은
# 공부의 결과다

## 공부 외에는
## 답이 없다

인간이 태어나서 자기 앞가림을 제대로 하기까지는 오랜 공부가 필요하다. 유치원부터 대학까지 무려 18년이라는 시간을 들인다. 개인차가 있긴 하지만 상당한 시간과 에너지를 국어, 영어, 수학 등을 배우는 데 투입한다. 공식을 암기하고 문제를 풀고 더 다양한 지식을 습득하기 위해 힘껏 노력한다.

학생과 학부모의 머릿속에는 다음 두 단어가 자리 잡고 있을 것이다. '좋은 성적'과 '명문대 입학'이다. 누구나 학창시절을 되돌아보면 시험과 성적으로부터 자유로웠던 적은 별로 없을 것이다. 그럼에도 공부 방법, 즉 공부법을 체계적으로 배워본 경험도 별로 없다. 알게 모르게 저절로

익혀온 공부법으로 읽기, 쓰기, 암기하기, 노트하기, 시험 보기 등을 해
왔을 것이다.

아마 생각이 깊거나 호기심이 강한 학생이었다면 자신의 공부법을 더
발전시키기 위해 공부 잘하는 친구에게 묻기도 하고, 선생님에게 조언
을 듣기도 하고, 전문가들이 쓴 공부법 책이나 명문대에 입학한 학생들
의 수기 등을 참조했을 것이다.

나는 합격 수기를 제법 읽었다. 함께 공부하는 선배들 가운데서 유독
공부 잘하는 사람의 조언을 들었던 기억도 난다. 하지만 공부법에 대해
체계적으로 배웠던 기억이나 이를 개선하기 위해 노력한 경험은 별로 없
다. 그저 공부에 더 많은 시간을 투입하고 더 집중적으로 노력을 기울이
는 것 정도였다.

그래도 학창시절에는 교사도 있고 학원도 있고 참고 서적도 있고 온
라인 강좌도 있다. 따라서 성적은 노력과 집중력에 비례하는 비교적 단
순한 관계가 성립한다. 그러나 정규교육 과정을 마치고 난 다음 길고
긴 직장생활과 자기 사업의 길에서 공부는 도대체 어떻게 해야 할까?
학교에서는 성적이란 명확한 목표가 있었다. 하지만 직장생활을 할 때
는 모두에게 해당하는 뚜렷한 목표라는 게 있을 수 없다. 그래서 사람
들은 무엇이 목표가 되어야 하는가를 두고 자주 혼란에 빠져들게 된다.
목표가 흔들리다 보니까 학교에 다닐 때처럼 공부에 대한 절실함도 당
연히 덜하다.

당장 공부하지 않는다고 해서 월급이 안 나오는 것도 아니고 눈에 띄
게 자신의 문제점이 드러나는 것도 아니다. 학교 다닐 때처럼 당장 성적
이 떨어지는 등의 스트레스도 없다. 매일매일 주어진 일을 열심히 처리

하고 성과를 올리는 데 급급하고 만다. 그러다가 어느 날 문득 다급한 내면의 목소리를 듣게 된다.

'내가 지금 제대로 하는 건가?'

막 40대에 들어선 한 분은 주변 사람들에게 이렇게 긴급히 도움을 요청한다.

"제가 30대를 열심히 뛰어온 덕분에 승진도 하고 원하는 자리에 왔습니다. 그런데 40대 문턱에 들어선 지금 제 미래 모습이 머릿속에 그려지지 않아요. 열심히 하면 자연히 미래 모습이 그려질 줄 알았는데 정말 답답하네요."

주변에서 이런 고민을 토로하는 사람을 만나는 일은 어렵지 않을 것이다. 어쩌면 여러분도 이런 고민을 해본 경험이 있거나 하는 중일지도 모른다. 그럼 어떻게 해야 할까? 공부가 해답이 될 수 있을까? 만일 공부가 답이라면 구체적으로 어떻게 공부해야 하는 것일까? 이런 고민에 빠진 사람이 직장생활을 시작한 다음 현재를 기준으로 성과를 올리는 일뿐만 아니라 미래를 준비하는 수단이나 도구라는 면에서 미리미리 체계적으로 공부를 해왔다면 어떠했을까? 아마도 이처럼 위급한 상황에 부닥치게 될 가능성은 한층 낮았을 것이다.

## 왜 평생 공부해야
## 하는가

나도 지금으로부터 20여 년 전, 방금 말한 40대를 목전에 둔 직장인처럼 비슷한 고민을 안고 있었다. 나의 고민은 다른 사람에 비해 좀 일찍 시작되었다. 직장생활을 시작한 지 1~2년이 지난 다음부터 고민이 시작되었고 30대를 넘어서부터는 날로 심각해져 갔다. 이대로는 앞날이 밝지 않다는 생각 때문이었다. 그런데 확실히 어떤 방향으로 나가야 할지를 알 수 없었기 때문에 어떤 공부를 해야 할지도 알 수 없었다.

여기서 중요한 점은 고민은 빠르면 빠를수록 좋다는 사실이다. 누구도 피할 수 없는 고민이라면 일찍 시작하는 편이 더 낫다. 40대보다는 30대가, 그리고 30대보다는 직장생활을 막 시작한 20대가 더 낫다. 왜 공부해야 하는가? 직장인들이나 자기 사업을 하는 사람들이 학생들만큼 절박하게 공부에 매달려야 할 이유는 무엇인가? 우선 공부해야 하는 이유, 즉 '왜'에 대한 답을 정리해두는 일이 필요하다. 공부해야 하는 이유는 공부의 목적과 밀접하게 연결되어 있다.

학교 공부의 목표가 성적을 올리는 것이라면 직장 혹은 사업에서 공부의 목표는 무엇일까? 승진 혹은 입신출세. 물론 멋진 해답이다. 그러나 생각해보라. 지금 조직에서 제대로 승진했다고 치자. 여러분의 앞날을 어떻게 보는가? 현재를 기준으로 하면 직장인의 체감 정년은 50대 중반에도 미치지 못한다. 굵직굵직한 조직들 가운데서 근속연수 15년이나 20년에 이미 명예퇴직 제도를 시행하는 조직은 주변에서 얼마든지 찾아볼 수 있다. 앞으로 이 같은 추세는 심화될 것이다.

그렇다면 승진이나 입신출세는 잘해야 50대 중반 이전까지만 보장해줄 뿐이다. 은퇴 이후에도 40년에서 50년 정도의 시간이 더 남았다면 이야기가 달라진다. 앞으로 몇 살까지 살 것이라고 예상하는가. 물론 굵고 짧게 살다 갈 수도 있다. 하지만 이제 우리는 100세 시대를 살고 있다. 따라서 우리는 젊은 날만을 염두에 두어서는 안 된다. 세월이 흘러 50대, 60대 그리고 그 이후에도 건강하고 행복한 삶을 살 수 있어야 한다.

서양 고전 가운데 하나인 《플루타르코스 영웅전》〈솔론〉 편에 나오는 이야기이다. 리디아의 크로이소스 왕은 솔론 앞에서 자신이 가진 막대한 부를 과시했다. 왕은 막대한 부를 가진 자신이야말로 행복한 사람이라고 주장했다. 하지만 솔론의 반응이 영 시원치 않았다.

솔론은 자식들을 잘 키우고 손자들 재롱을 즐기다가 전장에서 영광스럽게 죽은 아테네 사람 텔루스야말로 진정으로 행복한 사람이라고 답했다. 여기서 한 걸음 더 나아가 솔론은 “잘 죽기 전까지는 누구도 행복하다고 자신할 수 없다”고 말한다.

훗날 크로이소스 왕은 42만 명의 군대와 6만 필의 군마를 이끌고 페르시아를 침략하지만 대패하고 만다. 페르시아 왕 키루스의 자비 덕분에 겨우 목숨을 부지하게 될 정도로 비참한 상황에 놓이게 된다.

이 이야기는 죽음까지 가지 않더라도 삶은 생각보다 길며, 은퇴 이후의 삶에 대해 누구도 확신할 수 없음을 상기시켜준다. 직장에서 고위직으로 화려한 시간을 보냈다가도 은퇴 후 어려움을 겪는 사람들이 많다. 왜 공부해야 하느냐는 질문에 대해 답을 찾는 사람이라면 현재는 물론

이고 은퇴 이후까지 고려해야 하는 이유다. 그저 착실하게 직장을 다니고 주어진 과제를 성실하게 해내는 것만으로는 충분하지 않다.

사실 나 또한 젊은 날 공부에 대해 지금처럼 체계적으로 생각하고 있었던 것 같지는 않다. 하지만 지금을 기준으로 일을 잘하는 것과 미래에도 끊임없이 필요한 사람이 되는 것은 별개의 문제라는 것은 잘 알고 있었다.


• •

## 끝까지 '쓸모 있는'
## 인간을 소망하라

나는 30대 초반에 어떤 사람이 되어야 할 것인가에 대해 다음과 같이 생각했다.

첫째, 쓸모 있는 사람 혹은 자주 찾는 사람이 되어야 한다. 쓸모가 없으면 언제든지 버림받을 수밖에 없는 것이 세상의 이치라는 점을 잘 알고 있었다.

둘째, 조직은 설립 목적에 동의하는 사람들로 이루어진 자발적 결사체다. 계약은 언제든지 해제될 수 있고 각자는 자신의 길을 가게 된다. 더욱이 조직 또한 언제든지 없어질 수 있다는 점도 알고 있었다.

셋째, 특정 조직에서 특화된 기술이나 지식이 있는 것에 만족해선 안 된다. 조직과 자신의 관계를 갑과 을의 관계로 받아들이면 갑은 언제든지 을을 내보낼 수 있기 때문에 갑에 특화된 지식이나 기술만으로 안심할 수 없다는 점이다.

나는 세 가지 점을 제대로 정리하고 있었다. 그렇다면 이들 세 가지 문제점을 극복할 방법은 무엇일까? 유력한 방법이 바로 공부(학습)이다. 그 공부는 체계적으로 해야 한다. 당시에는 명확하지 않았지만 지금 기준으로 보면 내가 왜 공부해야 하느냐에 대한 답을 간단명료하게 정리할 수 있다.

'세월이 흘러가더라도 오래오래 세상에 필요한 가치를 제공할 수 있는 사람이 되는 것이다.'

가치 있는 사람이라면 특정 조직이나 특정 인물의 선의나 호의에 의지하지 않고, 은퇴라는 세상 기준에 얽매이지 않고, 자유롭고 당당한 인생을 살아갈 수 있을 것이다. 결국 직장이란 개인의 관점에서 스스로 가치를 만들어내는 능력을 키우는 데 시간과 에너지를 쏟는 곳이라 할 수 있다. 물론 여기서 가치란 성과를 바탕으로 하는 현재 가치와 역량을 바탕으로 하는 미래 가치를 모두 포함한다.

여러분은 현직에 머물러 있을 때만이 아니라 그 이후에도 오래오래 다른 사람들이 아쉬워하면서 찾는 사람이 되고 싶을 것이다. 다른 사람들이 인정하고 존경하는 사람이 되고 싶을 것이다. 또한 다른 사람들이 늘 생각하는 사람이 되고 싶을 것이다. 그런 사람이 되고자 한다면 현재의 직책이나 직위가 전부가 아니라는 사실을 분명히 알고 있어야 한다. 그렇다면 현직에 머무는 동안은 물론이고 그 이후에도 계속해서 타인들로부터 '쓸모 있음'이란 평가를 받을 수 있어야 한다. 사람들에게 필요하고 아쉬워하는 가치를 계속해서 공급할 수 있는 능력을 갖추는 일이라 하겠다.

"여러분이 상대방에게 유용하지 않으면 상대방으로부터 사랑받기 어려울 뿐만 아니라 사랑의 대상이 되기도 어렵다.”

그리스 철학자 플라톤이 《뤼시스》라는 책에서 사랑에 대해 솔직하게 털어놓으며 한 말이다. 훗날 아리스토텔레스로부터 저급한 사랑의 정의라고 호된 비판을 받기도 했지만, 사랑이 가진 불편한 진실을 담고 있다. 우리는 모두 오래오래 사랑받고 존경받는 대상이 되기를 소망한다. 그렇다면 직업인으로 반드시 필요한 것은 계속해서 '쓸모 있음'의 자리에 자신이 남아 있도록 하는 일이다.

# 02

# 세상에
# 공짜는 없다

## 나는 무엇을
## 줄 수 있는가

세상에 공짜는 없다. 보수를 받으면 그에 걸맞은 기여를 해야 한다. 부모자식 간을 제외하면 세상은 주고받는 거래 관계로 이루어진다. 줄 것이 없으면 받을 것도 없다. 우리가 직장에서 일하는 것은 노동력을 제공하고 그에 대한 대가를 받는 계약 관계로 이루어진다.

그렇다면 당연히 자신에게 진지하게 물어봐야 한다. 지금 내가 몸담은 조직에 무엇을 제공할 수 있는가? 3년 후, 5년 후, 10년 후에도 계속 노동력을 제공할 수 있을 것인가? 만일 지금 새로운 조직에 들어간다면 그곳에서도 노동력을 제공할 수 있을 것인가? 그리고 은퇴 뒤에도 나는 무엇을 제공할 수 있는 사람이 될 수 있을 것인가?

30대 초반부터 내가 가졌던 심각한 고민은 바로 위의 질문들에 대한 답을 찾는 일이었다. 아마도 직장인들의 공통된 고민거리일 것이다. 그런데 위의 질문들이 가진 공통점을 한 문장으로 정리해보면 다음과 같다.

'나는 어떤 가치를 고객에게 계속해서 제공할 수 있는가?'

대학까지 마친 사람은 그렇지 않은 사람에 비해 유리한 상태에서 직업세계에 뛰어든다. 즉 문제를 해결할 수 있는 기초적인 지식과 사고능력 면에서 더 나은 수준이라는 것이다.

하지만 직장에서 초년생의 능력은 그다지 뛰어나지 않다. 그래서 다양한 현장 경험들을 쌓아가면서 구체적인 문제 해결 능력들을 하나하나 축적하게 된다. 나 또한 마치 엉성한 기초 위에 집을 짓는 것처럼 구체적인 능력을 만들어가는 시절이었다. 여기서 구체적인 능력들은 하나하나가 고객들에게 필요한 가치를 제공하는 것을 뜻한다. 분석 결과를 원하는 고객에겐 분석을, 미래 전망을 원하는 사람에겐 미래 전망을, 짧은 시간 안에 요약된 정보를 원하는 사람에겐 그런 정보를, 자료 작성을 원하는 사람에겐 자료를, 판매 성과를 원하는 사람에겐 매출액 증가라는 결과물을 제공해야 한다.

우리는 모두 자신의 고객에게 명시적 혹은 묵시적 필요와 바람을 충족시켜줄 책임이 있다. 문제는 오늘을 기준으로 작성된 고객의 필요와 바람이 몇 년 후까지 지속되리라는 보장이 없다는 점이다. 그런 점에서 직장인들은 한 사람 한 사람이 기업가 혹은 경영자라고 불러도 손색이 없다.

3년, 5년, 10년 후에 계속해서 쓸모 있는 사람이 되는 것은 바로 자신의 책임이다. 결국 우리는 스스로 자신의 능력을 개발하고 개선하고 혁신하는 최종적인 책임자가 되어야 한다. 모든 직장인이 경력관리 혹은 자기계발이라는 과제와 만나게 되는 지점이다.

어떤 능력을 개발하는 데 자신이 가진 시간과 에너지를 쏟을 것인가? 사실 능력 개발을 위해 분주하게 움직일 당시엔 '어떤 능력'이란 것이 그렇게 중요한지 알 수 없었다. 하지만 세월이 흐른 다음 30대와 40대를 되돌아보면 그때 계획적으로 혹은 우연히 내린 의사결정이 직업인으로서의 인생 항로를 결정적으로 뒤바꿨음을 새삼 깨우치게 된다.


## 제대로 내다보고
## 제대로 투자하라

우리는 모든 것을 다 잘할 수 없다. 어떤 것을 더 잘할 것인지 그리고 어떤 것을 포기할 것인지를 결정해야 한다. 심사숙고 끝에 어떤 능력을 기르는 데 집중적인 투자를 했지만 훗날 쓸모가 없어질 수도 있다. 젊은 시절로 되돌아갈 수 없기 때문에 잘못된 전망에 근거한 투자는 아쉽고 후회스러운 일이지만 현실에서 이런 일들은 자주 일어난다. 이 시기의 사람들을 그 태도에 따라 3가지 유형으로 나누어 볼 수 있다.

첫째, 제대로 내다보고 제대로 된 투자를 함으로써 세월과 함께 재능을 발견하고 이에 따라 구체적인 능력을 개발하는 데 성공한 사람이다.

그들은 인생 전반에 걸쳐서 투자에 대한 과실을 수확하게 된다.

둘째, 노력은 했지만 판단을 잘못해서 노력에 걸맞은 결실을 거두지 못한 사람이다. 그러니까 노력이 무위無爲로 끝나버린 아쉬운 경우다.

셋째, 구체적인 능력을 준비해야 하는 시기 동안 별다른 고민 없이 어영부영 시간을 보내버린 사람들이다. 준비다운 준비를 하지 못한 데는 여러 가지 이유가 있겠지만 결과는 비슷하다. 별다른 준비 없이 귀한 젊은 날을 보내버리고는 늦은 시점에 이를 깨달아 허둥대지만 가버린 세월을 되찾기엔 역부족인 경우다.

여러분은 어떤 유형에 속하는가? 나는 첫 번째 상황에 해당한다. 제대로 내다보았고 제대로 투자했다. 그 결과로 자신이 기대했던 것에 접근하는 능력들을 개발하는 데 성과를 거두었다. 물론 완벽함과는 여전히 거리가 있지만 그래도 스스로 '그동안 수고했어'라는 칭찬과 격려의 말을 할 정도는 된다. 다음 두 가지 질문에 대한 답을 찾아내는 데 어느 정도 성과를 거두었다는 뜻이다.

'나는 현재뿐만 아니라 앞으로 어떤 가치를 제공할 수 있어야 하는가?' '이런 가치를 제공하기 위해 어떤 능력을 갖추어야 하는가?'

그뿐만 아니라 이런 질문에 대한 답이 단순히 '잘 알고 있다'는 앎에 그치지 않고 구체적인 실행을 통해서 결과물을 만들어낼 수 있었다는 점에 주목할 만한 가치가 있다.

여러분도 각자가 스스로 재능을 발견하고 그 능력을 개발하는 일이 무엇보다 중요한 일일 것이다. 그렇다면 재능의 발견에서부터 구체적인 능력을 얻기까지의 과정은 어떻게 이루어지는 것일까? 단순히 생각하자. 무엇인가 투입이 있어야 결과가 나오지 않겠는가? 그 투입물은 제대로 된 대상을 향한 '공부, 공부, 공부'라는 세 단어로 표현할 수 있을 것이다.

여기에다 한 가지를 추가하면 '행운'이란 부분도 무시할 수 없다. 하지만 행운은 그야말로 우연에 해당하기 때문에 노력으로 통제할 수 있는 것은 아니다. 따라서 능력과 가치 개발에 관한 한 공부에 깊은 관심을 두지 않을 수 없다. 그렇다면 '어떤 가치와 어떤 능력을 개발해내야 하는가?'라는 질문은 말로 표현하면 쉬워 보이지만 표준화된 정답이 없다. 각자는 각자에게 맞는 맞춤형 정답을 찾아야 하므로 무척 어려운 일이기는 하다.

## 03

# 공부 지름길로 가는
# 5가지 포인트

**가능성을
한껏 탐색하라**

내가 가진 시간과 에너지를 어디에 투자할 것인가? 여러분의 투자 역시 기대하는 성과를 거두지 못할 가능성도 있다. 이때 그 실패 원인 중 하나를 들자면 향후에 필요 없는 능력 개발에 귀한 자원을 투입하는 일이라 하겠다.

남들이 다 하니까 마치 '친구 따라 강남 가는 것처럼' 하는 투자에서 실패 가능성은 크게 높아지게 된다. 그래서 어떤 능력을 개발해서 사람들에게 어떤 가치를 제공할 것인가를 고민하는 사람이라면 다음 5가지 요소를 충분히 고려해야 한다.

첫째, 자신의 강점을 정확하게 이해할 수 있어야 한다. 나는 우리가 모두 유전이라는 유산에서 벗어날 수 없는 존재라고 생각한다. 사람마다 강점이 다르다. 그래서 약점을 보완하기보다도 강점에 바탕을 둔 능력 개발에 더 많은 관심을 둬야 한다.

말을 잘하는 사람이 있는 반면 수학을 잘하는 사람이 있다. 사교성이 뛰어난 사람도 있는 반면 혼자 일하는 것을 좋아하는 사람도 있다. 후천적으로 어느 정도는 변화시킬 수 있을지 모르지만 근본적인 특성을 변화시키는 일은 어렵다고 본다. 한 인간이 갖고 태어나는 구조적인 특성을 충분히 고려해야 한다. 도대체 나는 어떤 성향의 인물인지를 제대로 이해할 수 있어야 한다. 그동안 걸어온 길을 되돌아보면서 내가 갖게 된 확신 가운데 하나다. 같은 값이면 더 잘할 수 있는 강점 위에 자신의 경력을 쌓아올리는 것이 바람직한 선택 아니겠는가.

둘째, 완벽할 수는 없다. 하지만 자신의 분야에서 전개될 시장 상황을 내다볼 수 있어야 한다. 지금 하는 공부가 미래에도 계속 유효할지를 충분히 고려해야 한다. 아무리 능력이 뛰어나더라도 수요 자체가 사라져버린다면 허망한 일이다. 자본주의는 사고파는 관계들로 이루어진다.

젊은 날에는 나만 좋아하면 그만 아니냐고 반문할 수 있을지 모른다. 하지만 세월과 함께 자신이 짊어져야 할 책임을 갖게 되면 팔리지 않는 능력이란 여간 곤혹스런 일이 아니다. 생계도 안 되고 의욕도 솟지 않는다. 대다수 사람은 그 일을 지속할 수 있는 추진력을 서서히 잃어버리게 된다.

누구도 미래를 확실히 내다볼 수 없다. 하지만 자신이 동원할 수 있는 모든 정보를 바탕으로 자신의 투자가 가져올 미래에 대해 고민해야 한다. 단순한 고민이 아니라 일생을 건 투자 결정이라고 생각하고 신중에 신중을 더해야 한다.

셋째, '나'만의 능력은 지금 가장 많은 시간을 투입하는 분야나 인근 분야에서부터 먼저 찾아야 한다. 최고의 방법은 지금 하는 일에서 찾아내는 것이다. 만약 그것이 가능하지 않다면 자신의 일을 중심으로 상하 종횡 연관된 분야에서 찾아야 한다. 겉으로만 드러난 관련성이 아니라 자신이 일하는 분야가 제공하는 본질적인 능력을 바탕으로 확장 가능성을 염두에 두면 선택의 폭은 훨씬 넓어질 것이다.

물론 지금 하는 일과 아무 관련 없는 분야, 즉 부업에서 개발해야 할 능력을 찾아내는 드문 예도 있다. 예를 들어, 일과 상관없이 자신이 오랫동안 흥미를 느껴온 취미나 특기 분야에서 개발 능력을 찾아내는 사람들이 이따금 있다. 그런 경우도 관련 분야에서 개발 능력을 찾은 사례에 속한다고 할 수 있다. 하지만 성공 가능성이란 면에서 보면 지금 가장 많은 시간을 투자하는 분야 혹은 가장 흥미롭게 하는 분야에서 개발 능력을 찾는 것이 현명한 선택이라 할 수 있다. 언젠가 이노디자인 김영세 대표가 트위터에 이런 메시지를 올렸다.

"자신의 재능을 일찍 발견할 수 있는 계기가 온다면 그것은 행운이다. 아직 자신의 재능을 찾지 못했다면 자신이 가장 즐기는 일이 무엇인지를 생각해보라. 그 속에 자신의 재능이 숨어 있을 확률이 높다."

참으로 적절한 조언이다. 행운과 확률이란 두 단어만으로 자신에게 재능 있는 분야를 찾아내는 일이 만만치 않다는 사실을 알 수 있다. 그럼에도 재능 발견하기 프로젝트는 누구든 꼭 성공해야만 하는 중요한 일이다.

나는 노력도 중요했지만 행운이란 요소도 결코 무시할 수 없었다. 그래서 그런 기회를 놓치지 않고 잡을 수 있었던 그 아슬아슬함을 두고 '가슴을 쓸어내린다'는 표현으로 대신하고 싶을 정도다. 나는 처음부터 구체적으로 정형화할 수 없는 것이 재능이란 점을 강조하고 싶다. 시간이 가면서 "내가 이런 능력을 갖추고 있었구나"라는 반응이 생기는 것처럼 말이다.

## 삶의 나침반을
## 명확히 보라

넷째, 만만하게 보이는 분야에서 요구하는 능력이라면 다시 한 번 생각해 봐야 한다. 나에게 쉬운 길이라면 남에게도 쉽다. 쉬운 길은 앞으로 초과 상태가 벌어지리라 쉽게 예상할 수 있다. 그렇게 되면 수요는 고정되어 있고 공급이 커지게 되면서 가격 하락은 피할 수 없다. 당장 쉬운 분야를 선택할 때는 조심해야 한다. 그런데 누구든지 우선 쉬워 보이고 확실하게 보이는 분야에서 길을 찾으려 한다.

젊은이들은 편안하고 안정된 삶을 살고 싶다는 이야기를 많이 한다. 그러나 지금을 기준으로 편안한 길이나 안전한 길은 훗날 투자 수익성이 크게 떨어질 거라는 것을 감수해야 하는 길이다.

언제나 희소성은 중요하다. 귀한 것이라야 제 가격을 받을 수 있다. 오늘날처럼 정보 공개 시대에는 희소성을 찾아내기가 쉽지 않지만 그렇다고 해서 포기해서는 안 된다. 될 수 있으면 남이 쉽게 뛰어들 수 없는 분야에 주목하라. 게다가 가능하면 어려운 분야에서 어려운 능력에 도전해라. 처음부터 어려움으로 가득 차 있다면 다른 사람들이 쉽게 뛰어들려고 하지 않을 것이다. 때로는 그런 역발상이 필요하다. 하버드 경영대학원의 문영미 교수는 모두가 따르는 흐름에 맞서는 브랜드를 '역브랜드' 즉 '역포지셔닝 브랜드reverse-positioned brand'라고 부른다.

"역포지셔닝 브랜드란, 아주 독특한 아이디어를 통해 소비자들 기대와는 전혀 다른 방향으로 나아가기로 결단을 내린 브랜드를 의미한다."

문 교수는 그 대표 사례로 구글을 든다. 구글은 야후나 AOL 등과 같은 대형 포털업체들이 초기 화면을 다양한 메뉴와 정보로 화려하게 꾸밀 때 간단한 검색창이 주는 단순함으로 승부를 걸었다. 구글은 남들이 모두 가는 쉬운 길을 선택하지 않고 오히려 흐름을 거슬러 갔다. 여러분이 공부할 대상을 고민하거나 선택하면서도 이는 염두에 둘 만한 사례다.

다섯째, 유행에 휘둘리지 말아야 한다. 유행은 비非본질에 해당한다. 유행에 압도되고 나면 더 중요한 것을 놓쳐버릴 수 있다. 유행은 시간의 흐름과 함께 소멸해버리고 만다. 여러분이 애써 개발한 능력이 시간과 함께 수요가 현저하게 줄어들어 버린다면 이 얼마나 황당한 일인가?

자본주의는 특성상 계속해서 유행을 만들어내면서 굴러가는 체제다. 우리는 이를 비판적인 판단 없이 받아들이는 경우가 많다. 그래서 자신의 생각이 뚜렷하지 않으면 마치 친구 따라 강남 가는 것처럼 자신의 분야를 선택하고 그곳에서 평범한 능력을 만드는 데 귀한 시간을 쏟게 되는 것이다.

직업세계에 몸담기 시작한 초기에 내가 위의 5가지 기준을 지금처럼 낱낱이 구체적으로 인지하고 있었다고 할 수는 없다. 다만 글이나 말로 명확하게 표현할 수는 없었지만, 묵시적으로 이런 기준들을 어렴풋이 인지하고 있었다. 그리고 그런 기준을 안내 삼아 내가 공부를 통해 개발해내야 할 능력에 대한 투자를 했다고 생각한다.

사실 뚜렷한 방향이나 목적 없이 그냥 공부하는 것도 어느 정도는 도움이 될 것이다. 아무것도 하지 않는 것에 비해 나은 선택이라 할 수 있다. 하지만 그런 공부는 추진력을 가질 수 없다. 얼마간 지속하다가 그만두고 또 시간이 지난 다음 불안감에 또다시 공부하다가 그만두는 일들이 반복적으로 일어나게 될 것이다. 따라서 가능하다면 위의 5가지를 염두에 두고 공부 대상과 방향 그리고 목적지를 찾아내는 일이 필요하다. 처음에는 어렴풋하겠지만 공부가 계속되면서 뚜렷한 모습으로 실체가 드러나게 될 것이다.

사람은 누구나 믿음이 필요하다. 공부한다는 것은 미래를 향해 한 발자국 내딛는 것을 말한다. 공부 대상을 신중하게 선택하지 않는다면 가다 말고 자꾸만 뒤를 돌아보게 된다.

'내가 제대로 가고 있는 건가? 설마 잘못된 것은 아니겠지.'

이런 생각에 자꾸만 회의감에 빠져 발을 멈춰 서게 된다. 그런 부작용을 줄이기 위해 제시한 위의 5가지 방법은 여러분의 현명한 선택에 도움을 줄 수 있을 것이다.

## 04

# 주업이거나 부업 혹은 취미로서의 공부

..

## 자발적 공부는 쉽지 않다

열심히 일하면서 공부까지 하기란 절대 쉽지 않다. 하지만 공부의 방해물들이 어떤 것들인지를 정확히 알면 계속해나가기가 쉬울 것이다. 우선, 직업세계에서는 학교와 달리 상당 기간 공부를 하지 않더라도 눈에 띌 정도로 표가 나지 않는다. 학생들은 공부하지 않으면 당장 성적이 뚝 떨어지고 만다. 하지만 직장인이라면 제법 오랫동안 대충대충 넘어갈 수 있다.

게다가 순발력이나 눈썰미가 뛰어난 사람들은 오랫동안 남의 눈을 속일 수도 있다. 왜냐하면 요령껏 업무를 처리하더라도 재주 없는 사람에 비해서 오랜 기간 더 나은 성과를 낼 수 있기 때문이다. 물론 언젠가는 공부를 게을리한 대가를 치르고야 말겠지만 그건 먼 훗날의 일이 될 것이다. 또한 직업세계에서는 공부에 대한 강제적인 메커니즘이 존재하지 않는다. 학생들에겐 교사의 눈, 부모의 눈, 임박한 시험들이라는 공부 강제장치가 있다. 하지만 직장인에게 공부를 강제화하는 메커니즘은 드물다.

예를 들어, 영어와 같은 언어를 배우는 경우를 생각해보자. 직장에서 외국어 성적을 인사고과에 반영하는 등과 같은 예외적인 경우를 제외하면 외국어를 배우기 위한 공부는 지속하지 못하고 자주 멈추게 된다. 연초마다 멋진 몸매를 만들기 위해 헬스클럽에 가는 사람들 또한 비슷한 경험이 있을 것이다. 개인 트레이너가 지켜보는 것과 혼자서 운동하는 것 사이에는 커다란 격차가 있다. 작심삼일로 끝나는 경우가 많은데는 강제화하는 수단이나 사람이 없는 것이 원인이다.

물론 예외도 있다. 최근에 어느 기업체에 강연하러 갔는데 무려 10주 동안 150시간가량의 집중적인 경영학 석사프로그램을 운영하는 것을 보고 놀란 적이 있다. 50여 명의 구성원은 평일에는 정상적으로 근무하고 금요일 저녁부터 일요일까지 집중적으로 교육을 받았다. 더 무시무시한 것은 매 강의를 마치고 나면 두세 시간 정도의 시험을 계속해서 치르는 것이었다.

마침 두 시간의 주관식 시험을 치른 다음에 특강이 있었기 때문에 참석자들이 얼마나 힘든 시간을 보냈는가를 피부로 느낄 수 있었다. 게다가 시험 성적은 곧바로 인사고과에 반영된다고 한다. 정말 혹독한 프로그램이라는 생각을 하지 않을 수 없었다.

그런데 그렇게 짧은 시간 안에 체계적인 지식으로 구성원들을 훈련하는 프로그램을 운영하는 회사들이 요즘엔 점점 늘어나는 추세라고 한다. 하지만 이런 경우는 아직 일반적이라기보다는 예외적인 사례에 속한다.

## 공부는 평생
## 주업, 부업, 취미여야 한다

직장은 성과를 내는 곳이다. 학교처럼 공부를 가르치는 곳은 아니다. 공부는 현재의 성과에 어느 정도 영향을 미치긴 하지만 결정적인 요인은 되지 못한다. 따라서 각자가 자율적으로 자신의 앞날을 위해 공부를 해야 한다. 공부는 의지에 좌우된다.

의지가 굳센 사람은 주도적으로 학습할 것이다. 하지만 대부분의 사람은 그럴 가능성이 높지 않다. 그뿐만 아니라 학생들에게 공부는 직업이지만 직장인에게 공부는 부업일 뿐이다. 게다가 직장 일을 처리해 가는 과정에서 공부 시간을 확보하는 일이 만만하지 않다. 상대적으로 생활이 불규칙적이기 때문이다. 공부를 꾸준히 하기 위해서는 나름의 특별한 의지와 방법이 있어야 한다. 그렇지 않으면 항상 일이 우선이고 공부는 뒤로 처지게 된다.

또한 틈틈이 그리고 불규칙적으로 공부가 이루어지다 보니까 공부에 대한 리듬을 잃어버리게 된다. '하다 말다'를 반복하게 되고 제법 긴 시간 동안 업무나 다른 일 때문에 미루다 보면 결국 공부에 손을 놓게 되는 경우도 자주 일어나게 된다.

결국 특별한 경우를 제외하면 공부에 대한 절박함을 느끼기가 어렵다. 조직이 기대하는 중간 정도의 업무를 마무리하는 것만으로도 봉급은 꼬박꼬박 나온다. 봉급을 받을 수 있고 조직에 머물 수 있는가는 공부하는 것 여부에 좌우되지 않는다.

공부하지 않으면 망할 수 있다는 절박함을 느끼는 직장인이 얼마나 될까? 많지는 않을 것이다. 절박하거나 절실하지 않은데도 불구하고 먼 미래를 보고 꾸준히 무엇인가를 하기는 어려운 일이다. 편안하고 잘 지낼 수 있는 오락거리나 유희가 주변에 넘쳐나는 시대에 이처럼 가벼운 쾌락을 멀리하고 당장 힘든 공부를 꾸준히 하기는 어려울 것이다.

인간이란 본래 장기이익보다도 단기이익을 우선하는 존재다. 공부를 계속하는 일은 당연히 힘들다. 하지만 주업이든 부업이든 취미이든 공부는 꾸준한 관심의 대상이어야만 한다.

# 05

# 나는 먹고살기 위해 공부한다

**미래에 대한
절절한 의문을 갖다**

"앞으로 나는 어떻게 되는 것일까?"

지금처럼 시간이 무의미하게 흘러가버리면……. 그리고 별반 준비된 것이 없다면……. 나는 앞으로 어떻게 될 것인가? 하는 질문이 가슴을 후벼파고 들어올 정도로 절실해야 공부를 계속할 수 있다. 나에겐 공부가 그야말로 절실했다. 나처럼 계속해서 공부하길 원하는 사람이라면 우선은 공부에 대한 절실함이 있어야 한다.

그런데 사실상 이게 쉽지 않다. 공부를 통해 능력을 개발하고 지속적 가치를 제공할 수 있는 사람이 되어야 한다는 결단이 없다면 첫 단추를 끼우기 쉽지 않기 때문이다. 그리고 지속적 결단이 이루어지지 않으면 공부를 계속해 나가기 어렵다. 그럼 절실함은 언제 생기게 되는 것일까? 절심함은 공부하지 않으면 망할 수도 있다는 강한 각성에 뿌리를 둔다.

공부를 한다는 것은 한 치 앞을 내다보기 어려울 정도로 안개가 가득 찬 밤길을 한 걸음 한 걸음 나아가는 것에 비유할 수 있다. 무엇을 공부해야 할 것인지를 알 수 없을 뿐만 아니라 공부를 한다고 해서 내가 올바른 길을 선택했는지도 확신할 수 없다. 또한 노력한다고 해서 언제부터 성과를 거둘 수 있을지도 확실하지 않다. 그런 불확실성을 뚫고 수확할 때까지 계속해서 밀어붙이는 일은 만만치 않다. 주변에 쉽고 편한 일들 또한 많기 때문이다. 고된 길을 가기 위해서는 일단 그 일을 시작할 수 있는 결단력이 있어야 한다. 그리고 거기에 지속성을 더할 수 있는 에너지가 필요하다.

나는 직장생활 2년 차를 전후해서 공부에 대한 절실함을 심각하게 느꼈던 것 같다. 현재 내가 갖춘 능력만으로는 미래를 기약하기 어렵다는 솔직한 판단 때문이었다. 여기서 중요한 점은 자신을 객관적으로 대하는 솔직함이며 자신의 능력이 어느 정도인지를 정직하게 받아들이는 것이다.

나는 학위 과정을 모두 마무리한 다음 직장생활을 시작했다. 그런데 내가 익힌 분석 방법이나 이를 표현하는 방법을 갖고선 기껏해야 3년에서 5년 정도를 버틸 수 있음을 알았다. 그 이후는 어떻게 해야 할지를 전혀 알 수 없는 깜깜한 어둠뿐이었다. 이처럼 미래에 대한 암담한 생각이 나를 강하게 압박했다. 하지만 당시만 하더라도 아직 젊었기 때문에 나중에 어떻게 될까 하는 생각까지는 하지 않았다.

그때 당시만 해도 30대 초중반에 인생 전반을 고민하는 사람은 흔치 않았다. 오늘날의 상황은 다소 달라지긴 했지만 말이다. 30대 말이나 40대에 접어들면서 인생 전반에 대한 생각을 하게 되는 직장인들이 많다. 나 또한 그런 사람에 속했다. 다만 나는 결혼을 하고 아이들이 태어나기 시작하면서 더 많은 고민을 하게 되었다. 어느 아버지나 마찬가지겠지만 나 역시 아이들에게 더 나은 교육과 삶의 기회를 제공하고 싶다는 생각이 강했다. 그런데 현재 상태로는 앞이 보이지 않는다는 것이 강력한 동인으로 작용했다.

언젠가 스티브 잡스는 이렇게 말한 바 있다.

"나는 밤에 꿈을 꾸지 않는다. 나는 온종일 꿈을 꾼다. 나는 먹고살기 위해 꿈을 꾼다I don't dream at night, I dream all day, I dream for a living."

상상력을 발휘하는 이유에 대한 솔직담백한 답이다. 그런데 나는 이 문장을 읽으면서 '꿈dream'이란 단어를 '공부study'로 대체해도 무리가 없다는 생각을 해보았다.

'나는 먹고살기 위해 공부한다.'

그런데 여기서 먹고사는 것은 지금 당장뿐만 아니라 먼 미래를 모두 포함하는 말이다. 다른 한편으론 개인적인 욕심이나 야심도 공부를 해야 하는 중요한 이유가 되었다. 직장 동료나 선배들이 살아가는 것처럼 정해진 트랙을 따라가다가는 내 인생이 어떻게 풀려나갈지가 뻔했기 때문이다. 나는 그렇게 남들처럼 세월을 흘려보내고 있다는 생각만으로도 심각한 위기를 느꼈다.

아마도 이런 심리적 상태는 직장 초년생들이라면 대부분 느낄 것이다. 특히 경쟁이 치열하고 뚜렷한 성과급이 자리 잡은 분야의 직장인들이라면 더 강하게 느낄 것이다.

나는 더 잘살고 싶었고 당시 처한 상황에 조금도 만족할 수 없었다. 사업가는 자본을 갖고 더 잘사는 문제를 해결할 수 있다. 하지만 직장에 몸담은 사람이라면 자신의 능력을 갖추고 잘살 방법을 찾아야 한다.


## 공부란 삶의
## '정체성'을 만드는 일

"지금 나의 능력이 어느 정도 될까? 그리고 아무런 노력도 하지 않고 10년을 보내고 나면 어떻게 될까?"

나는 그 문제를 정말 많이 생각했다. 오늘날은 그런 것에 관한 정보들이 상당히 풍부한 시대다. 의지만 있다면 빠른 시기부터 경력 관리를 고민할 수 있다. 하지만 지금부터 20여 년 전은 지금과는 비교할 수 없을 정도로 편안한 시대였다. 한번 들어간 직장생활은 오래오래 지속할 것으로 보였고 앞날을 위해 필사적으로 자신의 길을 개척하는 분위기는 아니었다. 좋은 날들이 마냥 계속될 것만 같았다. 그런 분위기에 젖지 않고 스스로 살길을 찾아나선 것에 대해 나 자신에게 후한 점수를 주고 싶다.

이제 와서 생각하면 천만다행한 선택이었다. 나는 직장생활을 본격적으로 시작한 지 3년 전후에서야 주어진 일도 부지런히 하고 주어지지 않은 프로젝트들도 다양하게 시도하면서 어렴풋이 무슨 공부를 해야 하는가에 대해 잠정적인 해답을 구할 수 있었다. 여기서 중요한 것은

'잠정적'이란 꾸밈말이다. '잠정적' 해답은 경험이 쌓이고 시간이 가면서 훨씬 '뚜렷한' 해답으로 바뀌게 된다. 한편으론 막연하기도 하고 어렴풋하기도 했지만 어떻든지 간에 공부 대상이나 방향을 일단 정해보는 일이 중요하다.

나는 앞에서 이미 설명한 5가지 방법을 바탕으로 '아카데미즘과 저널리즘 사이의 중도노선'에 초점을 둔 글쓰기라는 방향을 정했다. 그리고 이 콘텐츠를 만들어내는 능력과 전달하는 능력을 공부해야 한다고 판단했다. 내가 무엇을 잘할 수 있는가를 알기 위해서는 약점이 무엇인지를 아는 것도 큰 도움이 된다.

또한 나는 앞으로 어떤 분야가 장래성이 있을 것이냐는 과제와 관련해서도 비교적 나만의 견해가 뚜렷했다. 즉 특정 연구소에서 붙박이 형식의 지식을 만들어내는 것은 바람직하지 않다고 생각했다. 그렇게 되면 결국 특정 직장에 종속될 수밖에 없어서 조금도 협상력을 가질 수 없기 때문이다.

그 당시에 이미 나는 대중적인 글쓰기와 강연의 중요성을 깨달았고 그쪽으로 공부해야 한다고 판단했다. 그런데 이런 발견 과정에서는 어떤 일이건 소위 대박을 치듯 단 한 건으로 큰 성과를 거두는 일은 드물다. 이런저런 시도들이 이루어지면서 하나하나 실마리들이 쌓여가고 결국 하나의 커다란 경향을 만들어내게 된다. 따라서 자신의 내면세계에 대한 충분한 관찰과 앞으로 전개될 미래에 대한 통찰력을 바탕으로 공부 방향과 대상을 선택해야 한다. 어렴풋한 가능성은 계속되는 훈련 과정을 통과하면서 더욱 확실한 방향과 목적지로 자리 잡게 될 것이다.

공부 방향과 대상을 찾아내는 작업은 어둡고 길고 긴 밤이 지나가고 새벽녘에 먼동이 터오는 것에 비유할 수 있다. 어떤 사람에겐 극적인 깨달음과 같은 느낌으로 올 수도 있다. 하지만 또 다른 사람들에겐 조용한 발견으로 다가오기도 한다. 그 모습이 어떠하든지 간에 직장생활의 초년 혹은 중년까지 자신이 준비해야 할 구체적인 능력이 무엇인가를 결정하고 이를 대비하는 일은 중요하다.

내가 어떤 사람이 되어야 하는가? 혹은 내가 어떤 직업인이 되어야 하는가? 혹은 내가 무엇을 추구해야 하는가? 등과 같은 자신의 삶의 정체성 문제와도 맞닿게 된다. 공부의 방향, 목적지 그리고 대상은 서로서로 밀접하게 연결되어 있다. 일단 공부가 일정 정도 이루어지면 그 다음으로는 나만의 능력과 가치가 어떻게 만들어지는가를 냉정하게 들여다보는 일이 필요하다.

# 제2장

# 공부 시스템을 업그레이드하라

"효과적인 공부법을 배우기 위해 어떻게 해야 할까?
공부를 단순히 '공부'라고 받아들이지 말고
'공부 시스템'이라고 접근해보자.
시스템으로서 공부에 접근하면,
공부는 하나의 덩어리가 아니라
다양한 프로세스가 연결된 프로세스의 결합체
혹은 조합이 된다.
이때 각각의 프로세스에 대해 더 잘 이해하면 할수록
효과적인 공부를 할 수 있다."

# 공부를 프로세스로
# 인식하라

## 공부를 '시스템'으로
## 이해하기

도대체 공부는 어떤 과정을 거치면서 이루어지는 것일까? 그리고 우리가 원하는 결과물은 어떤 과정을 거쳐 만들어지는 것일까? 공부가 이루어지는 프로세스에 대해 제대로 이해할 수 있다면 우리는 공부를 효과적으로 하는 일에서도 큰 성과를 거두게 될 것이다.

예를 들어, 여러분이 업무 성과를 높이기 위해 책을 읽는 경우를 가정해보자. 우선은 바쁜 직장생활 중에도 틈틈이 책을 읽는 시간을 만들어내는 일이 필요하다. 그런데 사람들은 가능한 시간을 확보해서 부지런히 책을 읽는 것만으로 만족해 한다. 책을 읽는 방법도 학교 다닐 때와 마찬가지로 처음부터 끝까지 착실히 읽는다.

그들은 특별히 책을 읽는 방법에 대해 깊이 생각해보지도 않을 뿐더러 더 나은 방법으로 개선하기 위해 노력하지도 않는다. 책을 읽는 방법을 개선하면 투입하는 시간당 생산성을 올릴 수 있다는 조언을 받더라도 반문할 것이다.

"그럴 필요까지 있습니까?"

그들은 습관, 전례, 관례에 충실하게 모든 일을 대한다. 하지만 흔하지 않지만 다른 방법으로 책 읽기를 바라보는 사람들도 있다. 그들은 학교 다닐 때의 책 읽기 방법과 직장생활에서의 책 읽기 방법은 분명 달라야 한다고 생각한다. 왜냐하면 각각이 만들어내야 하는 결과물이 다르기 때문이다.

그들은 단순히 많이 읽는 것이 전부가 아니라 효과적인 독서법이 있다고 생각한다. 자신의 독서법을 주의 깊게 살펴보고 더 나은 방법을 찾기 위해 주변 사람들이나 전문가들 가운데 효과적으로 책을 읽는 사람들의 도움을 구한다. 물론 그런 주제를 다룬 책들을 참조하기도 한다. 이런 시도를 통해 자신에게 맞는 독서법을 찾아가는 사람들도 흔치는 않지만 분명 있다.

여러분은 위의 사례 가운데 어디에 속하는가? 나는 단연코 두 번째 상황에 해당한다. 나는 우리가 직업이나 일상생활에서 만나는 모든 일에서 더 나은 방법을 구할 수 있는 것처럼 공부법 역시 노력을 통해서 얼마든지 더 나은 방법을 찾아낼 수 있다고 생각해왔다. 그래서 나는 직업세계에 뛰어든 초반부터 어떻게 하면 더 잘 배울 수 있느냐 하는 주제에 흥미를 느껴왔다. 잘 배우는 방법에 흥미를 갖는 것은 자신을 관찰 대상으로, 연구 대상으로, 때로는 관조觀照 대상으로 삼는다면 얼마든지 가능한 일이다.

그렇다면 효과적인 공부법을 배우기 위해 우선 어떻게 해야 할까? 공부를 단순히 '공부'라고 받아들이지 말고 '공부 시스템study system'이라고 생각하고 접근해보자. 경영 시스템, 생산 시스템, 관리 시스템, 판매 시스템, 마케팅 시스템, 연구개발 시스템 등과 같이 시스템이란 용어를 사용해서 접근해보자. 그럼 공부는 하나의 덩어리가 아니라 다양한 프로세스가 연결되어 만들어져 있는 프로세스의 결합체 혹은 조합이 된다.


## 유기적 집합체
## '공부 시스템'


공부 시스템은 시스템이 가진 원래 의미에도 딱 들어맞는다. 시스템은 특정 목표나 목적을 달성하기 위해 다양한 기능을 수행하는 요소나 실체로 구성된 집합체로 정의할 수 있다. 그래서 조직학의 대가 깁슨R. E. Gibson은 시스템을 다음과 같이 정의한다.

"예정된 기능을 협동으로 수행하기 위해 설계된 상호작용 요소들의 유기적인 집합체이다."

공부가 의도하는 능력과 가치를 만들어내기 위한 일련의 요소나 실체들의 유기적인 집합체로 공부 시스템을 이해할 수 있다. 이때 시스템을 전체라는 덩어리로 바라보면 관찰하고 분석하고 개선하는 일이 어렵다. 그러나 덩어리를 하나하나 분리해서 나눠보면 무엇이 문제인지, 어떻게 개선하는 일이 좋은가를 찾아내는 일이 쉬워진다. 일찍이 과학적 발견의 원리를 제시한 데카르트는 1637년에 출간한 《방법서설》에서 다음과 같이 조언했다.

"모든 어려운 문제를 작은 부분들로 나눈 뒤, 그 부분들을 공략해 문제를 해결하라."

이런 접근 방법은 공부법에서도 의미가 있다. 공부는 '입력 프로세스 → 생산 프로세스 → 산출 프로세스'로 이루어진다. 공장이나 기업에서 상품이나 서비스를 만들어내는 것과 두뇌에서 능력과 가치를 만들어내는 일은 거의 유사한 과정을 밟게 된다. 입력 프로세스는 두뇌 속에 정보나 경험 등을 투입하는 다양한 활동을 말한다. 생산 프로세스는 투입된 정보를 처리하는 복잡한 생산 공정(혹은 과정)들로 이루어진다. 그리고 산출 프로세스는 필요한 지식을 두뇌로부터 꺼내서 최종결과물을 만들어내는 활동을 말한다.

상품을 만들어내는 공장을 두고 '생산공장'이라는 용어를 사용한다면 지식을 만들어내는 공장을 두고 '지식공장'이라는 용어를 사용해도 무리가 없다. 앞의 공장은 두 눈으로 볼 수 있도록 물리적 공간에 있는 반면 뒤의 공장은 두뇌 속에 자리 잡고 있기 때문에 손으로 만질 수도 눈으로 볼 수도 없다는 점만 다를 뿐 '투입 → 생산 → 산출'의 원리는 거의 비슷하다.

나는 직장생활 초년부터 공부 혹은 학습에 대해 이런 관점을 갖고 접근해왔다. 처음에는 엉성한 아이디어에서 출발했지만, 관심을 두고 지켜보면서 공부에 대해 점점 더 정리된 나름의 견해를 갖게 되었다. 이런 아이디어에 바탕을 두고 창조성과 관련해서 썼던 한 권의 책이 《두뇌가 동률을 높여라》이다. 그리고 총체적인 지식의 생산성을 다룬 두 권의 책이 《공병호의 내공》《10년 법칙》이다.

<br>
• •

## 공부법 없는 공부,
## 무엇이 문제인가

우리는 3개의 프로세스 가운데서 입력과 생산만 잘하면 산출은 자동으로 이루어진다고 생각한다. 하지만 첫째와 둘째 프로세스가 중요한 것 못지않게 셋째 프로세스도 중요하다는 사실을 새삼 깨닫게 된다.

나는 이 책을 집필하던 중에 체육지도자들을 위한 워크숍에 참가할 기회가 있었다. 체육 지도자들이 모여서 여러 개의 강좌를 듣는 그런 모임이었다. 나는 조금 일찍 도착한지라 뒷자리에 앉아서 앞 강연을 맡은 분의 강의를 들을 수 있었다. 스포츠 재활치료 분야에서 쟁쟁한 실력을 갖춘 전문가의 강연이었다. 나는 강연을 듣던 중에 트위터에 두 개의 메시지를 올렸다.

"지금 앞 분의 강의를 듣고 있어요. 그런데 지나치게 많은 분량의 파워포인트를 사용하는 게 문제로 느껴지네요. 강의는 욕심을 줄이고 중요한 포인트 중심으로 해야 할 듯합니다. 내용은 좋은데 너무 많은 슬라이드가 문제네요."

"앞에 조명을 너무 어둡게 하면 강의하는 분의 얼굴을 볼 수 없어요.

그러니까 파워포인트가 주인이 되는 강연이 되어버리지 않도록 주의해
야 합니다."

내가 올린 트윗을 확인한 분들이 여러 가지 반응을 보였다. 그들 가
운데 한 분은 자신의 경험에 바탕을 두고 종종 PPT를 이용해서 강의
하곤 하는데 자기 생각이나 열정이 PPT 자료에 묻혀버리는 느낌을 자
주 받는다는 이야기를 더한다. 또 한 분은 PPT 자료가 지나치게 많거
나 글이 많은 경우에는 강의를 듣는 게 아니라 글 읽기를 하다가 강의
를 마쳐버리게 된다는 경험담을 소개한다.

요즘은 빔프로젝터 성능이 뛰어나기 때문에 과거처럼 주위를 어둡게
하고 강의할 필요가 없다. 그럼에도 그 강사는 습관적으로 어둡게 한
상태에서 강의하는 데 익숙했을 것으로 추측된다. 많은 정보를 청중들
에게 전달하려다 보니까 자연히 빽빽하게 글이나 그림으로 채워진 파워
포인트 자료를 준비하게 되고 1시간 동안 무려 30장에 가까운 파워포
인트 자료를 이용했다.

결과적으로 분주하게 파워포인트를 넘기다 보니까 청중들은 1시간
동안 무엇을 들었는지 가물가물한 상황에 놓이고 말았다. 아쉬움이 남
는 강연이었다. 그런데 그분은 발표하는 방법, 즉 공부법 가운데서 세
번째에 해당하는 '산출 프로세스'에 대해 고민하고 개선하는 노력을 기
울이지 않는다면 앞으로도 계속해서 비슷한 실수를 범하게 될 것이다.

자신의 문제점을 인식하고 고치는 데 필요한 것은 공부를 시스템으
로 접근하는 일이다. 발표, 즉 프레젠테이션은 지식이나 정보를 타인에
게 전달하는 과정이다. 따라서 산출 프로세스 가운데 하나로 생각하면
훨씬 좋은 결과를 얻을 수 있을 것이다.

그 장소에 참가한 체육지도자들은 대부분 미래의 잠재 고객이다. 고객에게 당연히 감동적인 강연이나 정보 제공에 뛰어난 강연을 펼쳤어야 했다. 공부법이 중요한 이유를 확인한 우연한 기회였다.

# 02

# '입력 → 생산 → 출력'
# 프로세스

## 아이디어 신진대사율을
## 높여라

입력 → 생산 → 출력의 프로세스는 공부 시스템의 얼개 혹은 전체를 아우르는 틀에 해당한다. 각각의 프로세스는 더 세부적인 하부 프로세스들로 나뉘게 된다.

우리의 인체를 비롯한 대부분의 유기체 역시 시스템이라는 관점으로 이해할 수 있다. 인간 활동은 음식물을 섭취하고 대사 활동을 거친 다음 활동에 필요한 에너지를 얻는 과정으로 이해할 수 있다. 여기서 대사代謝의 사전적 의미는 "생명을 유지하기 위해 생물체가 필요한 것을 섭취하고 불필요한 것을 배출하는 일로 흔히 신진대사와 동의어"를 뜻한다.

살아 있는 유기체뿐만 아니라 경제 역시 유기체와 엇비슷한 구조와 작동원리를 갖고 있다. 사람과 환경으로부터 필요한 자원이 투입되고 물질적인 부를 만들어내기 위한 대사 활동이 이루어지면서 부가가치가 만들어지게 된다. 대사활동이 원활하면 할수록 더 많은 그리고 더 양질의 산출량을 만들어낼 수 있다.

경제뿐만 아니라 도시를 유기적인 시스템으로 이해하는 전문가들은 '도시의 신진대사Urban Metabolism' 속도에 관심을 둔다. 생물학은 어떤 생물체가 섭취하는 음식을 에너지로 바꾸는 속도(대사율, Metabolic Rate)는 생물체의 몸집이 커질수록 느려진다고 말한다. 그런데 뉴멕시코의 산타페연구소 학제간 연구팀은 대사율에 대한 기존의 상식과 다른 놀라운 연구 결과를 발표한 적이 있다. 오히려 성공한 대도시일수록 도시의 대사율이 더 빨라진다는 사실이다.

이런 결과는 성공적인 거대도시는 더 많은 인재를 유치함으로써 그들이 제공하는 에너지 덕분에 앞으로도 더욱더 발전하게 될 것이라고 전망한다. 이런 주장을 소개한 《그레이트 리셋Great Reset》의 저자 리처드 플로리다Richard Florida 교수는 재능과 창의성을 갖춘 인재들이 많이 밀집된 곳일수록 아이디어 소화율, 즉 아이디어의 신진대사율이 매우 높은 장소가 된다고 말한다. 그렇다면 여러분의 두뇌를 성공한 대도시와 같이 아이디어 신진대사율이 매우 높은 장소로 만들어보면 어떨까?

우리가 공부법에 대해 체계적으로 접근해야 할 이유가 여기에 있다. 어떻게 하면 대사활동을 왕성하게 할 수 있을까? 공부 시스템에 대한 관심도 다른 시스템에 대한 관심과 별반 다르지 않다. 투입 대비 산출을 극대화하는 데 관심을 두기 때문이다.

## 성인에게도 유용한
## '학습의 기술'

사실 오래전부터 학생들의 공부 기술을 향상시키는 데 관심을 둬온 전문가들은 공부 시스템이란 개념을 사용해왔다. 하버드대학과 에모리대학에서 학생들에게 공부하는 방법을 오랫동안 가르쳐온 우드 스메더스트Wood Smethurst와 윌리엄 루키William R. Luckie는 공저인 《학습의 기술Study Power》에서 자신들의 오랜 경험으로부터 효과적인 공부 기술을 가르칠 수 있다고 말한다. 참고로 그 책의 부제는 '당신의 학습과 학점을 개선하는 학습 기술'이다.

그들은 자신들의 경험을 종합해서 하나의 시스템으로 정립했는데 이를 '학습력 증강 시스템study power system'이라 부른다. 그들은 오랜 경험을 통해서 초등학교 5, 6학년생은 물론이고 에모리대학의 의과대학생이나 조지아 침례교병원의 의료인들 그리고 조지아대학의 학생들에게도 학습 기술을 가르쳐줄 수 있었다고 말한다. 그들은 에모리대학의 저녁 강좌를 통해서 얻은 가장 큰 성과는 성인들에게도 역시 똑같은 공부 기술을 가르칠 수 있다는 점을 알게 된 것이라고 말한다.

"우리의 수고를 통해 얻은 보답 가운데 가장 큰 것은 성인들이 훨씬 높은 요구 수준을 갖고 있지만, 성인들 역시 우리가 5학년 학생에게 가르친 것과 똑같은 많은 공부기술을 배운다는 것이다. 기술이 다른 것이 아니라 공부가 다르다. 아동들과 의대생들은 똑같이 수업을 듣고, 필기하고, 프로젝트 연구를 하고, 시간 사용을 계획하고, 시간이 오래 걸리는 큰 프로젝트를 관리하고, 그리고 시험을 치르는 데 효과적인 방법을 학습해야 한다."

성인들에게도 똑같은 공부기술을 가르칠 수 있다는 점은 주의해서 들어두어야 한다. 읽기, 쓰기, 노트하기, 시험 준비하기 등과 같이 일의 성격이 학창시절과 별반 다를 바가 없는 경우는 공부기술의 유사성이 있을 것이다. 하지만 직업세계에서의 공부법은 학창시절 공부법보다 훨씬 광대하고 복잡하다고 할 수 있다. 이들은 자신의 아이디어들을 다음과 같이 단순하게 정리 요약해서 제시하고 있다.

〈표〉 학습 증강 시스템

| 투입 | 과정 | 산출 |
| --- | --- | --- |
| 듣기 | 자기관리 | 시험 치기 |
| 노트 정리 | 시간관리 | 보고서 쓰기 |
| 읽기 | 학습과 기억 | 구두 보고서 |
| 수업 참여 | 집중 | 수업 참여 |
|  | 매일복습 |  |
|  | 수업참여 |  |
|  | 시험준비 |  |

《학습의 기술》은 각각의 하부 프로세스들, 이를테면 듣기, 노트 정리, 읽기, 수업 참여 등에 대해 상세하게 설명한다. 효과적인 듣기, 노트 정리하기, 읽기, 수업 참여하기를 할 것이냐는 질문에 대해 유용한 조언을 아끼지 않는다. 예를 들어 수업 참여에 대해 저자들은 수업 참여는 투입으로서도 중요하지만, 과정으로도 중요하다고 말한다.

우선 수업에 임하는 학생은 수업에 집중할 의도를 가져야 한다. 머릿

속으로 질문하면서 수업을 듣고 아이디어를 요약하고 자신의 말로 정
보를 바꾸는 활동을 하라고 권한다. 직장인에게도 유용한 정보들이다.
여기서 "성인들에게도 학생들과 똑같은 공부기술을 가르칠 수 있다"는
지적이 인상적이다.

우리는 학생의 공부법과 직장인의 공부법이 비슷한 이유가 무엇인지
에 대해 생각해봐야 한다. 주로 교육 참가자들이 의대생이거나 의료 관
련 종사자들이기 때문에 지식이나 정보를 받아들이고 가공한 다음에
내놓는 일이 학생과 비슷하기 때문일 것이다. 그러나 교육 대상이 세일
즈맨이거나 연구원이거나 사업가라면 저자들이 강조하는 공부법은 아
주 부분적인 것에 지나지 않을 것이다.


## 목표로 가는 길을
## 비추는 불빛

"자기 자신에게 맞는 공부 시스템을 만드는 데
주목해야 합니다. 마라톤도 '10킬로미터만 뛰어라.' 그러면 목표지점이
어딘지를 대충 짐작해 10킬로미터를 뛰기에 적합한 체력분배가 가능합
니다. '이제 5킬로미터 남았다' '이제 2킬로미터 남았다'는 식으로 계산할
수 있기 때문에 정신적으로도 덜 힘들지요.

하지만 얼마를 뛰어야 하는지, 자신이 어디쯤 와 있는지 모르는 채
계속 뛰기만 해서는 완주하기가 어렵습니다. 즉, 공부의 시스템화라는
것은 목표까지 가는 길을 비춰주는 불빛이라 할 수 있습니다. (……) 올

바른 시스템은 수험생에게도, 성인에게도, 어린이에게도 도움을 줍니다. 만약 자녀가 있는 가장이라면 '공부'가 아니라 '공부법'을 가르쳐주십시오. 아이들에게 훌륭한 공부법을 가르쳐주는 것은 평생 가는 재산을 물려주는 것과 똑같은 가치를 지닙니다."

혼다 나오유키가 《레버리지 러닝》에서 공부의 시스템화에 대해 한 말이다. 그의 말에서 주목할 만한 대목은 공부 시스템화는 '목표까지 가는 길을 비춰주는 불빛'이란 표현이다. 혼다는 목표 달성을 위한 일정 관리나 집중력관리 등에 더 큰 비중을 두고 있다. 예를 들어, 목표를 세우고, 시간 낭비가 발생하지 않도록 관리하고, 시간당 집중력을 높이는 것 등과 같은 방법에 주목했다.

혼다 나오유키는 단순히 공부로 접근할 것이 아니라 공부 시스템으로 접근해야 한다는 점을 강조하고 있다. 하지만 구체적으로 시스템이 어떻게 이루어져 있고 어떻게 업그레이드할 수 있는가에 대해서는 별다른 도움을 주지 않는다. 그가 강조하는 목표 세우기, 시간 아끼기, 집중력 높이기는 자기경영이나 자기계발 차원에서 다루어지는 주제이지만 그보다 훨씬 구체적으로 어떤 방법들을 사용해서 더 잘 배울 수 있는가에 대해선 설명이 충분하지 않다.

나는 그가 소개한 방법은 공부 시스템의 하위 프로세스들 가운데 일부라고 생각한다. 사실상 공부 시스템은 그보다 더 복잡할 뿐만 아니라 고유한 공부법 자체에 더 큰 비중을 두어야 한다. 나 역시 앞의 저자들과 같이 공부법이란 용어를 사용하지만 그 공부법을 바라보는 관점에선 뚜렷한 차이를 보이고 있다.

앞에 소개한 두 사람은 비교적 단순한 학생들의 공부 시스템에 주목하고 있다. 의료 관련 종사자들은 학창시절 공부법을 계속하는 것만으로 충분하다. 하지만 대부분의 직장인은 업무 성격이 의료인들과 다르다. 업무 성격이 달라지면 이에 따라 공부법도 달라져야 한다.

후자는 일반인을 위한 공부 시스템을 거론하고 있다. 하지만 시스템의 하부 프로세스 가운데 일부를 다루고 있기 때문에 나의 관점과 큰 차이가 있다. 혼다 나오유키는 실제 공부법에 대해서 총론이 아닌 각론 수준의 자세한 설명이 부족하다는 점이 아쉽다.

# 03

# 공병호의
# 공부 시스템은 무엇인가

## 도대체 나는
## 어떻게 공부하는가

우리가 어떤 현상이나 사물을 바라볼 때 두 눈으로 관찰하거나 두 손으로 만져볼 수 있다면 보이는 대로 혹은 만질 수 있는 대로 흰 백지 위에 그려낼 수 있다. 기업의 생산 시스템을 이루는 다양한 프로세스들을 설계도면 위에 낱낱이 나타낼 수 있듯이 말이다. 그러나 여러분 머릿속에서 이루어지는 공부 시스템은 직접 보거나 만질 수 없다. 또한 인간 두뇌에서 이루어지는 인지 활동 역시 그동안 두뇌과학 분야에서 상당한 연구 업적이 축적되었음에도 여전히 미지의 세계로 남아 있다.

인간의 심리, 사고, 행동을 이해하기 위해 엄청난 돈이 투입되는 분야가 마케팅 분야일 것이다. 어떻게 특정 상품과 서비스에 호감을 느끼도록 할 것인가, 어떻게 소비자들이 그 상품이나 서비스를 구매하도록 설득할 것인가란 주제에 이론적으로 실천적으로 매달려 있는 사람들이 세상에 얼마나 많겠는가? 하버드대학교 경영대학원의 문영미 교수는 인간 행동의 불가사의한 점에 대해 다음과 같이 말했다.

"인간의 행동은 우리가 이해할 수 있는 지적 범위를 훌쩍 넘어서 있다. 인간의 행동은 우주와도 같다."

여기서 행동의 난해함은 곧바로 인간의 인지 활동 즉 사고의 난해함을 뜻한다. 그런 한계에도 불구하고 내가 평소에 가진 생각을 중심으로 공부 시스템을 정리해보는 일도 의미가 있다고 생각한다. 이런 작업은 공부법에 관심을 둔 사람들에게 자신의 공부법을 향상하는 데 큰 도움을 줄 수 있기 때문이다. 물론 이 책을 집필하는 데는 나에 대한 호기심도 중요한 역할을 했음을 부인할 수 없다.

'도대체 나는 어떻게 공부하고 있는가?'

나는 그 질문에 대해 스스로 해답을 정리해가는 과정에서 모호하게 이해하던 공부법들을 더욱 체계적으로 파악할 수 있었기 때문이다. 일단 '나의 현재'를 제대로 이해하게 되면 그다음은 개선이나 혁신 방법을 적용할 가능성이 한층 높아지게 된다. '공부 시스템'은 3단계 즉, 입력 프로세스, 생산 프로세스, 출력 프로세스로 나뉜다. 우선 공부 시스템에 대한 나름의 정의를 내려보자. 공부 시스템은 다음과 같이 정의될 수 있다.

"다양한 형태와 특성이 있는 정보와 경험이 두뇌에 의도적으로 입력되어 정교한 생산과정을 거쳐 다양한 종류의 능력들이 만들어지게 되고 이런 능력들이 특정 시점과 장소에서 필요한 가치 창출로 전환되는 일련의 프로세스들의 조합이다."

공부 시스템은 3단계에 걸쳐서 다양한 하위 프로세스들로 이루어져 있다. 그 때문에 공부 시스템에 관심을 둔 사람들은 각 단계를 구성하는 하위 프로세스들을 하나하나 업그레이드해 나가면서 공부에서 큰 성과를 거둘 수 있다.


••
새로운 투입 단계
'입력 프로세스'


다양한 공부법을 통해 각양각색의 정보와 경험 등을 두뇌에 입력하는 단계를 말한다. 이 단계는 공부 시스템의 핵심 프로세스 가운데 하나다. 무엇인가 입력이 되어야 비로소 생산과 출력이 이루어지기 때문에 공부 시스템에서 중요하게 다루어진다. 입력 프로세스는 개념적으로는 생산 프로세스와 별개의 단계처럼 그려져 있다. 하지만 입력 프로세스의 구체적인 방법들 즉 하위 프로세스들은 생산 프로세스와 동시에 진행된다. 예를 들어, 입력 프로세스 가운데 하나인 독서에 대해 살펴보자.

독서는 다양한 정보가 두뇌 속에 입력되는 과정임과 동시에 그렇게 얻은 정보를 통해서 지식을 축적해가는 과정을 말한다. 따라서 독서는 입력 프로세스와 생산 프로세스의 동시 진행을 말한다. 이 책에서 소개되는 다양한 공부법들은 대부분 입력 프로세스와 생산 프로세스가 동시 진행되는 것들이다. 다만 전자와 후자의 비중은 각각의 공부법에 따라 다르다.

한편 입력 프로세스는 눈으로 확인할 수 있는 데 반해서 생산 프로세스는 눈으로 확인할 수 없다. 입력 프로세스를 구성하는 하위 프로세스들 즉, 공부법은 사람마다 큰 차이를 보인다. 따라서 우리가 깊은 관심을 두고 탐구하고 개선하기 위해 노력해야 할 것 가운데 하나는 '공부법 자체에 대한 공부'다.

2부에서 다루는 공병호식 공부법 가운데 대표적인 것들은 글로 정리해보기, 책·신문·잡지 읽기, 관찰하고 질문하고 경청하기 등으로 모두 16가지가 소개되어 있다. 각각은 입력 프로세스의 하위 프로세스들로 정식 명칭은 책·신문·잡지 읽기 프로세스, 관찰하고 질문하고 경청하기 프로세스 등으로 부를 수 있다.


· ·

## 능력 발휘 단계
## '생산 프로세스'


실력 혹은 능력으로 만드는 단계를 말한다. 이 단계는 눈으로 볼 수 없는 과정일 뿐만 아니라 한 인간의 인지 활동 중에서도 핵심 부분에 해당한다. 따라서 미지의 세계에 속한다. 또한 앞의 입력 프로세스보다 사람들이 직접 통제하고 관리하기 쉽지 않은 영역이기도 하다.

여기서는 나의 추론과 개인적 상상력에 바탕을 두고 이야기를 전개할 수밖에 없다. 나는 생산 프로세스를 공장에 비유하고 싶다. 보통의 생산공장에 비유해 지식공장이란 용어를 사용할 수 있다. 이 공장은 2단계로 구성되어 있다고 본다. 가장 밑바닥에는 모든 지식공장의 뼈대에 해당하는 플랫폼이 있다. 그리고 그 플랫폼 위에 제1지식공장, 제2지식공장, 제3지식공장 등이 있다.

공장들은 서로 연결되어 있다. 공장들의 모습은 데스크톱 PC의 내부 구조를 머리에 그려보면 도움이 될 것이다. CPU(중앙처리장치), RAM 혹은 ROM(주기억장치), 하드디스크, 그래픽 카드 등이 컴퓨터 본체에 해당하는 메인보드(혹은 마더보드) 위에 하나하나 붙어 있다. 각각의 부품들을 하나하나의 공장으로 가정하면 된다.

다만 컴퓨터의 메인보드는 이런 부품들을 고정하는 역할만을 담당하고 있다. 하지만 지식공장의 플랫폼은 단순한 고정 역할뿐만 아니라 각종 공장과 유기적인 연결고리를 가지면서 기능을 종합적으로 뒷받침하는 대★ 공장의 의미가 있다. 플랫폼과 공장들은 서로 밀접하게 연결되어 입력 프로세스를 통해 받아들인 정보와 경험을 능력으로 전환하는 작업을 계속해서 진행하게 된다.

여러분이 꾸준하게 공부하면 두 가지 작업이 동시에 이루어지게 된다. 하나는 플랫폼을 탄탄하게 만드는 작업이며 다른 하나는 공장을 더 정교하게 만드는 작업이다. 두 가지 작업 모두 여러분 자신의 가치창출 능력을 크게 강화함은 물론이다.

그렇다면 공장의 특성은 어떨까? 논란의 여지가 있음에도 더욱 상상력을 발휘하면 제1공장은 문제해결능력 공장, 제2공장은 기회포착능력 공장, 제3공장은 창조적 사고능력 공장, 제4공장은 세일즈능력 공장, 제5공장은 외국어 구사능력 공장, 제6공장은 역경극복능력 공장, 제7공장은 기업가정신 공장 등을 뜻한다.

공장들은 각기 연결되어 지속적인 공부를 통해 서로서로 강화하면서 계속해서 발전하게 된다. 버전 1.0공장, 버전 2.0공장, 버전 3.0공장 등의 순서로 개선해서 나아지는 것을 염두에 두면 되겠다. 공장의 생산 능력이 향상되는 것처럼 플랫폼 역시 나날이 더 나아지게 된다. 플랫폼 역시 공장과 마찬가지로 버전을 붙일 수 있을 것이다.

두뇌 속의 각종 공장과 플랫폼의 향상을 엿볼 수 있는 연구결과들도 속속 제시되고 있다. 꾸준히 노력해온 사람들은 나이를 먹어갈수록 자신의 능력이 점점 더 나아지고 있음을 느끼는데 이를 의학적으로 증명하는 연구결과를 말한다. 물론 단기 암기와 같은 능력은 떨어지지만, 자신의 직업세계에서 반드시 필요한 능력들은 중년이 되었을 때 화려하게 꽃을 피우게 된다.

나는 중년을 맞이하면서 직업세계에서 필요한 능력들이 30대보다 크게 나아지고 있음을 강하게 느낄 때가 많다. 이를 뒷받침해주는 연구에 대해 잠시 살펴보자. 《가장 뛰어난 중년의 뇌The Secret Life of the Grown-up Brain》의 저자 바버라 스트로치Barbara Strauch는 제대로 살아온 중년들의 두뇌에서 어떤 변화가 일어나는가를 다음과 같이 말한다.

"중년에 이른 뇌는 얽히고설킨 복잡한 문제들을 헤치고 구체적인 답을 찾아내는 강력한 시스템들을 개발한 상태다. 중년의 뇌는 감정과 정보를 더 침착하게 관리하며, 이전보다 더 날렵하고, 더 유연하고, 심지어 더 쾌활하기까지 하다. 신경과학자들은 뇌 스캐너를 통해 나이 들어가는 뇌 안에서 타고난 집행 능력을 발견한다. 더욱더 고무적인 것은 뇌 안에서 이른바 인지적 전문 지식cognitive expertise이라는 것을 찾을 수 있었다는 점이다. (……) 나이가 들어가는 뇌의 참된 본질은 우리에게 세계에 대한 더 넓은 시각, 패턴을 보는 능력, 각종 사실과 관점을 연결하는 능력, 심지어 더 창의적으로 생각하는 능력을 선사하는 것이 아닐까 싶다.”

뇌의 특정 부분은 중년의 나이에도 공부가 계속됨에 따라 성장해간다. 우리 몸은 대략 50조 개의 세포로 구성된다. 그 가운데 신경계는 약 1조 개가 넘는 세포들로 구성된다. 1조 개가 얼마나 엄청난 숫자인가에 대헤《궁정의 뇌My Storke of Insight》를 집필한 질 볼트 테일러Jill Bolte Taylor는 지구에 사는 60억 명의 인구가 저마다 166명의 자손을 가지는 것에 비유할 수 있다고 말한다. 한마디로 신경계에는 엄청난 개수의 세포들이 자리 잡고 있다.

뇌는 외부로부터 자극이 반복적으로 주어지면 특정 부분에서 변화가 일어난다. 이는 신경세포의 연결 구조가 바뀌는 것을 뜻한다. 흔히 말하는 ‘뇌 가소성可塑性’이다. 공부처럼 지속적이고 반복적인 자극은 그것이 어떤 형태의 자극이건 간에 세포의 연결 구조를 바꾸는 놀라운 결과를 낳게 된다.

우리가 계속해서 공부하게 되면 제1지식공장이나 제2지식공장과 같이 특정 능력과 관련된 두뇌의 신경망이 더욱 정교하게 변화할 것이다. 마치 지방도로에서 국도로 그리고 국도에서 고속도로로 도로가 넓어지면서 자동차의 운행 속도와 양이 늘어나는 것과 비슷한 상황이 두뇌 속에서도 일어나는 것이다. 직업인으로 유능해진다는 이야기는 물리적으로 보면 두뇌의 특정 부분에서 신경망의 연결구조가 더욱 촘촘하고 정교하게 바뀌는 것을 말한다. 그만큼 새로운 해법, 새로운 아이디어, 새로운 기회를 더 자주 만들어낼 수 있음을 뜻하는 것이다. 질 볼트 테일러는 다음과 같이 말했다.

"특정회로에 의식적으로 주의를 기울이거나 특정한 생각을 더 많이 할수록 해당 회로의 사고 패턴은 사소한 외부 자극에도 쉽게 작동한다."

그런데 작동뿐만 아니라 반복적인 자극에 따라 신경망의 구조 또한 변화하게 된다.


## 가치창출 단계
## '출력 프로세스'

생산 프로세스의 상부구조를 구성하는 공장들과 하위구조를 이루는 플랫폼이 상호작용을 통해서 특정 시점, 장소, 상황에서 자신이 원하는 다양한 가치를 제공하는 단계를 말한다. 다소 극단적인 주장이라고 반대하는 분들도 있을 수 있겠지만 모든 학습의 최종 목적지는 가치창출로 연결되어야 한다. 다시 말하면 가치창출을 위한 플랫폼 강화와 지식공장의 업그레이드를 목표로 삼아야 한다.

물론 재미나 소일거리로 공부하는 사람들도 있지만 내가 공부에 대해 가진 생각은 취미, 특기, 오락으로 이루어지는 공부조차도 궁극적으로는 가치창출에 이바지할 수 있어야 더 바람직하다는 것이다. 공부는 시간 보내기가 아니라 가치창출이란 분명한 지향성을 갖고 있어야 한다.

그럼 여기서 말하는 가치는 무엇일까? 여러분이 직장생활을 하고 있다면 특정 문제를 해결할 수 있는 아이디어나 방법을 생각해내는 것이다. 그리고 더 바람직한 것은 다른 사람들이 생각해낼 수 없는 아이디어나 방법을 한 번이 아니라 계속해서 만들어내는 일이다.

창의적인 아이디어는 대단한 가치가 있다. 남들이 도저히 생각해낼 수 없는 깜짝 놀랄 만한 아이디어를 만들어낼 수 있다면 이는 한마디로 '대박'이 될 것이다. 그뿐만 아니라 남들이 볼 수 없는 특별한 기회를 볼 수 있는 것 또한 대표적인 가치에 해당한다. 이런 것들이 모두 가치에 해당한다.

여러분이 세일즈맨이라면 고객의 지갑을 열게 하는 설득력과 감동도 가치에 해당한다. 여러분이 경영자라면 시대의 흐름을 정확히 꿰뚫고 다른 경쟁자와 자신을 확실히 차별화할 수 있는 통찰력이나 선견력이 가치에 속한다. 그러니까 가치란 돈을 벌게 해주는 아이디어가 될 수도 있고 고객에게 감동을 안겨다줄 수 있는 아이디어일 수도 있다. 또한 스스로 어려움에 부닥쳤을 때 극복할 수 있는 위안과 용기 그리고 힘이기도 하다. 여기에다 타인들을 이끌 수 있는 탁월한 리더십 또한 가치라 할 수 있다.

여러분이 무엇을 하면서 살아가든지 간에 스스로 어떤 상황에서도 생존할 수 있고 지속적인 성장을 이룰 수 있도록 하는 아이디어나 방법 혹은 기술, 이 모든 것이 가치에 속한다. 근래에 내가 경험한 인상적인 출력 프로세스의 대표적인 사례를 들어보자.

얼마 전에 쉽지 않은 한 시간짜리 강연을 앞두고 있었다. 강연 환경은 이랬다. 지나치게 낮은 강연장의 천장, 동종업계에서 최소 20여 년 정도의 사업경력을 가진 50대 전후의 영업 지점장과 본부장들, 검은색이나 감색의 양복을 입은 청중들이 만드는 묵직한 강연장 분위기, 지나치게 길게 배열된 강연장. 게다가 바로 앞에는 최고경영자가 자리를 잡고 있었다.

좋은 강연을 하기 어려운 상황이었다. 그럴 때 나는 어떻게 해야 할까? 그럴 때는 일찌감치 강연장에 가서 뒷자리에 자리를 잡고 청중과 함께 앞 발표자의 내용을 충분히 들어보는 일도 도움이 된다. 마침 나보다 앞선 강연자는 부문별 본부장들로서 업무 계획을 발표하고 있었다.

나는 타인의 발표를 듣지만 무의식은 바로 이어질 강연에서 어떻게 하면 더 나은 강연을 할 수 있을까에 대한 해답을 찾게 된다. 나는 본부장들의 업무 보고를 들으면서 현재 참석한 청중들의 필요와 욕구 그리고 분위기를 파악하고 이런 정보들을 입력 프로세스를 거쳐서 두뇌 속에 입력한다. 입력된 정보들은 두뇌에 있는 플랫폼과 각종 지식공장의 도움을 받아서 연단을 어디에 둘지, 준비한 강연록에서 어떤 부분을 강조할지, 강연록의 순서를 어떻게 바꾸어서 말할지, 처음 시작은 어떻게 할지 등에 대한 해법을 찾아내게 된다.

그 해법에 따라 연단을 배치하고 강연록에 메모를 해두고 강연을 시작했다. 이날 강연이 성공적이었음은 물론이다. 나는 강연을 마친 날 홈페이지에 다음과 같은 내용의 글을 올렸다.

"녹록하지 않은 강연 조건에서 선전한 경험을 떠올릴 때면 전문가들에겐 확실히 말이나 글로 표현할 수 없는 자신만의 암묵적 지식이 있음을 확인하게 됩니다. 그리고 이런 지식은 세월과 함께 더욱더 탄탄해지게 됩니다. 젊음의 패기나 능력이 좀처럼 따라올 수 없는 비결에 해당합니다.

　그렇게 늘 반복적으로 이루어지는 듯한 강연이지만 매번 새로운 상황에서 전개되는 것들이 성공하면 자신의 내면세계에 성공 경험이 하나하나 쌓이게 됩니다. 결과적으로 직업인으로서 무난하게 반복하는 일이라면 크게 '노하우'를 쌓기가 쉽지 않습니다. 하지만 각종 어려운 상황에 대한 최적 조합을 찾아낼 수 있다면 나이 들었다는 장벽을 넘어설 수 있게 됩니다. 젊은이들과 확실한 차별화를 할 수 있는 분야라고 생각합니다. 멋진 경험이었습니다."

　성공의 기준은 그날 참석한 고객들에게 최고의 가치를 제공하는 것이다. 이런 성공 경험은 또 하나의 경험으로 입력 프로세스에서 두뇌에 입력되어 지식공장들과 플랫폼의 버전을 업그레이드하는 데 도움을 준다. 우리의 모든 활동이 공부 시스템을 만드는 행동이라고 생각한다면, 오늘 하루가 지겹더라도 능히 극복할 수 있다.

## 04

# 지극히 감정적으로
# 공부하라



스트레스를 부르는
감정적 부조화

텔레비전을 보는 일은 쉬운 일이다. 편안하게 앉거나 누워서 보기만 하면 된다. 하지만 책을 읽고 글을 쓰는 일은 텔레비전을 보는 일과는 다르다. 의도적으로 주의를 기울여야 한다. 두뇌에 정보를 입력하는 입력 프로세스를 구성하는 대부분의 공부법은 텔레비전을 보는 것과 같이 그냥 앉아서 시간을 보낸다고 해서 되는 것은 아니다. 그 시간 동안 의도적으로 집중하고 주목해야 한다.

모든 공부법이 효과를 거두기 위해서는 공부 대상에 마음을 두는 일이 반드시 필요하다. 우리 옛말에 '마음이 콩밭에 가 있다'는 말이 있지 않은가? 당연히 해야 할 일에 집중하지 않고 딴생각하는 사람을 두고 하는 말이다. 따라서 효과적인 공부법에 관심을 둔 사람이라면 '감정노동emotional labor'이라는 용어와 그 숨은 뜻을 제대로 이해해두어야 한다.

한참 엉뚱한 생각과 고민이 많이 들던 사춘기 시절을 잠시 생각해보라. 몸은 교실이나 학원이라는 물리적인 공간에 있지만 머릿속으로는 이성 친구나 재미있는 놀이 생각 때문에 수업에 집중하지 못하는 경우가 있다. 이런 상황에서는 그 어떤 공부도 제대로 이루어질 수 없다. 학교를 떠난 이후의 공부에서도 이런 일은 얼마든지 일어나고 있다. 그렇다면 어떻게 해야 히는가? 공부는 '감정노동'이어야 한다.

먼저 감정노동이 무엇인지 살펴보자. '감정노동'이란 용어는 1983년 버클리대의 사회심리학자였던 앨리 러셀 혹실드Arlie Russell Hochschild가 집필한 《감정노동The Managed Heart》에서 처음 다루어진 이후 주목을 받았던 용어다. 그녀는 감정노동을 다음과 같이 정의했다.

"공공의 눈에 보이는 표정이나 몸짓을 만들어내기 위해 감정을 관리하는 일이다."

다시 말하면 직장인들이 사람과 관련된 업무를 수행하면서 조직에서 업무 특성상 바람직하다고 판단한 감정을 자신의 감정과 상관없이 표현하며 행하는 노동을 말한다. 현재 자신의 감정이 밝지 않은 상태라 하더라도 고객이나 상사와 같은 타인들에게 맞춰 밝은 감정을 나타내야 할 때 발생하게 된다. 감정노동에 관해 이성록 교수는 《사회적 인간의 본성》이라는 책에서 다음과 같은 설명을 더한다.

"효과적인 직무수행을 위해 자신이 경험하는 실제적 자기감정 상태와 조직의 감정표현규범에 의해 요구되는 감정표현의 차이가 존재할 때, 자기감정을 조절 변경하려고 시도하는 개인적 노력을 '감정노동'이라 명명했다. 다시 말해서 다른 사람의 감정을 배려하기 위해 자신의 감정을 규제하는 행위, 즉 자기감정을 숨기고 배우가 연기하듯, 과업 성취를 위해 다른 표정과 몸짓을 하는 행위를 감정노동이라 개념화하고, 이러한 행위자를 '감정노동자'라고 했다."

서비스 업종에 종사하는 종업원들은 늘 환한 웃음과 상냥한 태도로 고객들을 대한다. 그들이 보통 사람들과 달리 늘 기분이 좋은 것만은 아닐 것이다. 그럼에도 그들은 직업세계에서 자신의 감정 상태와는 무관하게 항상 밝은 웃음과 상냥한 태도로 고객을 맞이한다.

앨리 혹실드 교수가 제시한 감정노동이란 용어는 종업원들이 자신의 감정을 숨겨야 하므로 발생하는 문제점을 지적하기 위해 부정적인 의미로 사용되었다. 그들은 실제로 느끼는 감정을 억제하고 조직이 요구하는 감정을 늘 나타내야 하므로 감정적 부조화 현상이 일어나게 되고 이런 과정에서 좌절, 분노, 적대감, 감정적 소진과 같은 심한 스트레스 상황에 노출된다는 것이다.


## 진심행위와 표면행위,
## 선택은 각자의 몫

감정노동에 대해 새로운 관점으로 접근할 것을 촉구한 인물은 경영평론가인 세스 고딘Seth Godin이다. 그는 《린치핀Linchpin》이란 책에서 '몸이 아닌 감정으로 일한다'는 의미에서 '감정노동'이야말로 긍정적인 의미로 재해석되어야 한다고 말한다. 그는 감정노동이란 용어를 기존의 노동에 대한 분류인 '육체노동'과 '정신노동'에 대한 재해석으로 요구한다.

예를 들어, 호텔의 객실청소 업무를 보자. 육체노동일 뿐만 아니라 단순 반복적인 특성이 있다. 하지만 이런 업무에서조차 업무 대상을 기계적으로 그리고 무심코 대하지 않고 열熱과 성誠과 혼魂을 투입해서 일하는 사람들이 있을 것이다. 자신이 맡은 업무에 감정을 투입하는 상황에 해당한다.

그들은 감정노동의 부정적인 측면이 아니라 긍정적인 측면에 주목해 단순 육체노동을 감정노동으로 바꾸는 데 성공한 사람들이다. 정신노동은 육체노동보다 감정노동의 투입 여부가 직업인의 성공과 실패에 큰 영향을 미치게 된다. 정신노동을 하는 사람들의 경우를 보자.

그들 역시 업무를 시작한 지 몇 년이 지나고 나면 그 업무가 익숙해진다. 기계적이고 반복적으로 자신의 업무를 대할 수 있다. 이런 경우라면 감정노동이 행해지지 않는 경우다. 하지만 늘 반복되는 업무를 매일매일 새롭게 대하는 사람들이 있을 것이다. 그들은 누가 뭐라 하더라도 자신의 업무에 열과 성과 혼을 투입해서 일하는 사람들이다.

여러분이 하는 일이 어떤 업무라 하더라도 그 업무는 긍정적인 측면에서 감정노동이 될 수도 있고 그렇지 않을 수도 있다. 그것은 업무의 성격이나 특징으로 결정되는 것이 아니라 개인이 선택할 수 있는 자유의 영역인 셈이다.

혹실드 교수의 《감정노동》에는 감정노동에 대한 긍정적인 측면의 활용 가능성에 대해 두 가지 멋진 용어가 등장한다. 바로 '진심행위deep acting'와 '표면행위surface acting'이다. 종업원이 감정노동을 수행하는 데 선택할 수 있는 두 가지 방법이다. 여기서 '진심행위'는 조직이 종업원에게 발휘하길 원하는 감정을 실제로 느끼거나 경험하려고 자신의 감정을 진심으로 조절하는 행위를 말한다.

반면에 '표면행위'는 조직이 요구하는 감정에 맞추는 일이 내키지 않지만 표면적으로 그렇게 보일 수 있도록 표정, 몸짓, 목소리 톤, 태도와 같은 위장된 언어적 혹은 비언어적 표현을 사용하는 행위를 말한다. 속으론 그렇게 느끼지 않지만 그렇게 느끼는 것처럼 위선적인 행위를 하는 것이다. 비단 서비스업에 종사하는 사람들에게만 해당하는 일은 아니다. 그들은 주로 사람을 상대로 하지만 이 글을 읽는 독자들은 자신이 행하는 업무를 어떻게 대하고 있는가를 자문해보면 된다.

'진심행위'는 업무 수행에 따르는 스트레스를 줄여줄 뿐만 아니라 업무 성과도 높여준다. 반대로 '표면행위'는 스트레스, 감정적 소진, 무기력함, 우울증 등으로 연결될 수 있다. 진심행위는 생계유지와 같이 어찌할 수 없는 요인들 때문에 마지못해 일하는 사람들에게 보편적으로 관찰되는 현상이다.

여기서 '표면행위'라는 용어는 아무 생각 없이 그저 반복적으로 수행하는 '습관노동' 혹은 '기계적 노동'이란 용어와도 비슷하게 정의될 수 있다. 따라서 '감정노동emotional labor' 대 '기계적 노동mechanical labor'이란 대조적인 용어를 사용하는 일도 의미가 있다고 할 수 있다. 어디서 무슨 일을 하고 있든지 간에 우리는 순간순간마다 '감정노동'을 할 것인가, 아니면 '습관(기계적)노동'을 할 것인가를 스스로 결정하게 된다.

## 공부는
## 감정노동이어야만 한다

공부 영역에도 감정노동은 그대로 적용된다. 특히 현장이나 일상생활에서 이루어지는 공부는 대부분 감정노동 없이 이루어질 가능성이 거의 없다. 그냥 기계적으로 모든 일을 대하게 되면 자신이 특정 업무에서 얼마나 오랫동안 일을 했던지 간에 그곳에서 이루어지는 공부가 크게 향상될 가능성은 아주 낮다.

여러분은 자신이 접하는 모든 정보, 만남, 경험으로부터 배우려는 열의를 갖고 있는가? 다시 말하면 모든 입력 요소들에 학습에 대한 열의와 마음 그리고 혼을 불어넣을 수 있는가? 그렇게 일하고 있는가? 그렇게 할 의향이 없다면 성장하지 못할 것이고, 성장하지 못하면 세월의 흐름과 함께 자신을 차별화할 수 없을 것이다.

세스 고딘은 감정노동에 대한 설명에서 "늘 같은 규칙을 따라 일하는 사람들의 자리는 이제 멸종 위기에 처했다"고 역설한다. 설명서로 표시할 수 있는 업무가 아니라면 그 업무에는 당연히 지속적인 공부가 필요하다. 그렇다면 모든 공부는 감정노동이 되어야 한다.

나는 강연을 하다 보면 늘 한 가지 사실을 경험한다. 주로 저녁 시간에 기업인들이나 직장인들을 대상으로 하는 강연은 감정노동 대 기계적 노동을 대비시키는 사례를 보여준다. 열의를 가진 사람과 그렇지 않은 사람 사이에 뚜렷한 차이를 드러낸다. 열의를 가진 사람은 귀한 시간을 내서 프로그램에 참석하기 때문에 목표가 분명하다. 강연을 확실한 학습 기회로 삼으려는 사람들의 강연 몰입도는 아주 높다.

반면에 강연 시작 단계부터 몰입하지 못하는 사람들도 드물지 않게 보게 된다. 아마도 그들은 낮 동안 있었던 일에서 생긴 고민거리를 채 털어버리지 못한 상태로 강연장에 왔을지도 모른다. 몸은 강연장이라는 물리적 공간에 있지만 마음은 일터에 가 있는 경우가 있다. 나와 같은 전문 강사들은 두 부류 학생들을 확연히 구분해낼 수 있다.

일터에서도 비슷한 상황이 언제든지 일어날 수 있다. 업무에 몰두해서 개선이나 혁신방법을 고심하는 사람들이 있을 것이고 그저 남들 하는 것만큼 하는 데 머무르는 사람이 있을 것이다. 한쪽은 두뇌 속의 플랫폼과 지식공장들을 실시간으로 업그레이드하고 있지만 다른 한쪽에선 전혀 그런 활동들이 일어나지 않고 있을 것이다. 공부에서 감정노동이 얼마나 중요한가를 말해주는 사례이다.

# 05

# 공부 시스템을 강화하는 7가지 조건

## 공부는 열린 시스템이다

공부 시스템은 외부조건이나 환경 등과 상호작용이 없는 닫힌 시스템이 아니라 열린 시스템이다. 그래서 공부 시스템은 외부의 다양한 조건들과 영향을 주고받는다. 예를 들어, 여러분의 생활 습관이 불규칙하다고 하자. 그런 나쁜 습관의 문제로만 그치는 것이 아니라 공부 시스템 자체에 부정적인 영향을 끼치게 된다.

반대로 그런 나쁜 습관을 고치는 데 성공한 사람이라면 공부 시스템 역시 더욱 정교하고 발전된 모습으로 개선할 수 있을 것이다. 또한 이처럼 개선된 공부 시스템은 그 자체로 끝나는 것이 아니라 역으로 더 나은 습관을 지니게 하는 데도 도움을 주게 된다.

공부 시스템은 외부조건의 변화에 따라 계속해서 변화해가는 시스템이란 의미에서 자기 조직적인 성격을 지닌다. 여기서는 공부 시스템에 큰 영향을 미치는 요인들을 '공부 시스템을 강화하는 7가지 조건'이란 이름으로 설명하려 한다. 이들 7가지 조건이 없다면 공부 시스템을 업그레이드하는 프로젝트에서 좋은 성과를 거둘 가능성은 낮아지게 된다. 지금부터는 '공부 시스템을 강화하는 7가지 조건'을 하나씩 살펴보도록 하겠다.

## 가치관

직장에 다니는 사람은 공부하지 않아도 당장은 표가 나지 않는다. 따라서 즉각적인 효과가 없음에도 계속해서 공부하기 위해서는 공부하도록 하는 '그 무엇'이 있어야 한다. '그 무엇'이 과연 어떤 것일까? 한 인간이 자신의 삶을 바라보는 관점에 부분적인 해답이 있다고 본다.

어떻게 사는 게 올바른 인생인가? 이 질문에는 그 누구도 정답을 내놓을 수 없다. 정답은 없지만 각자 깊이 생각해봐야 한다. 우리는 모두 한 번 살다가 이 세상을 떠나는 존재이고 지상에서 머무는 시간이 그렇게 길지 않다. 따라서 한 번뿐인 인생을 어떻게 사는 것이 올바른지에 대해 확고한 믿음을 갖고 있어야 한다.

물론 세상의 평균적인 믿음을 따를 필요는 없다. 남과 반드시 같을 필요가 없는 자신만의 믿음이면 된다. 이 믿음에 따라 공부를 계속해서 할 것인지 말 것인지를 결정하게 될 수도 있다. 사실상 '왜 사는가'와

'왜 공부해야 하는가'라는 질문은 마치 동전의 양면처럼 밀접하게 연결 돼 있다. 누군가 나에게 묻는다면 단호하게 '삶은 탁월함을 향한 전진 Striving toward Excellence'이어야 하므로 공부하며 산다고 말할 것이다.

이때 탁월함은 어떤 의미가 있는 것일까? 자신의 일생 중에서 가장 많은 시간을 쏟는 직업적 탁월함을 떠나서는 이야기를 전개할 수 없다고 본다. 그러나 직업적 탁월함이 결코 전부일 수는 없다. 인간적인 탁월함도 더해질 수 있고 아버지로서 탁월함, 어머니로서 탁월함, 리더나 상사로서 탁월함, 중간간부로서 탁월함, 부하로서 탁월함, 시민으로서 탁월함 등이 있다. 여러분의 인생과 직업세계가 탁월함과 떼려야 뗄 수 없다면 탁월함은 결코 공짜로 얻어지는 것이 아니다.

나는 탁월함이란 결과를 손에 넣기 위해서 혹은 탁월함에 한 걸음 더 다가서기 위해서 반드시 공부를 해야 한다고 생각한다. 모두가 각자의 공부 시스템을 정교하게 만드는 것은 결코 선택 사양이 아니라 필수이자 의무에 해당한다.

누구든 쉽게 생각할 수 있는 일이긴 하지만 과연 어떤 삶을 살고 어떤 직업인으로 살아가는 것이 올바른지에 대해 개인의 주관적인 판단이나 의견이 공부 시스템을 계속 개선하고 향상하는 데 결정적인 구실을 한다는 사실을 잊지 말아야 한다.

마치 두뇌 속의 플랫폼과 지식공장들이 자리를 잡고 있는 지반과 같은 것이 가치관이다. 지반이 흔들리게 되면 당연히 플랫폼과 지식공장도 흔들릴 수밖에 없다. 척박한 대지 위에 깊게 뿌리를 내리고 질긴 생명력으로 삶의 터전을 쌓아올린 사람들처럼 우리는 건강한 가치관을 따르고 있어야 계속해서 공부할 수 있다.

## 주인의식

　　인센티브는 언제나 중요하다. 직장생활을 해본 사람치고 보수에 불만을 느껴보지 않은 사람은 없을 것이다. 나는 월급을 받아보기도 하고 줘보기도 했다. 월급을 받을 때는 항상 보수가 적게 느껴진다. 그러다 보니 여러분 가운데 다음과 같이 반문하는 사람도 있을 것이다.

　"열심히 일하나 열심히 일하지 않나 받는 것은 비슷한데 그렇게 용을 써가면서까지 열심히 일할 필요가 있습니까?"

　나는 '그렇지 않다'고 단호하게 이야기하고 싶지 않다. 자칫 고용한 사람들의 이익을 대변한다는 부정적인 인상을 줄 수도 있고 나의 제한된 경험이 모든 사람에게 적용될 수 있는 것도 아니기 때문이다. 하지만 한 가지 분명한 사실은 돈을 받은 만큼만 일하거나 더 열심히 일하는 것 중 어느 쪽을 선택하더라도 삶은 계속되고 있다는 것이다. 나는 여러분이 어디서 무엇을 하고 있건 간에 이런 사실을 잊지 말라고 당부하고 싶다.

　여러분이 회사에서 일하는 순간이나 고객을 만나는 순간이나 주말에 거실에서 휴식을 취하고 있는 순간이나 출퇴근을 위해 집을 나서는 순간, 이 모든 순간순간이 남의 인생이 아니라 여러분의 인생이라는 사실 말이다. 삶이 아름답기도 하고 때로는 가혹하기도 한 이유는 바로 학교를 졸업한 이후의 삶에서는 거의 무한정한 선택의 자유가 주어지기 때문이다.

　우리는 매일매일의 사건에 어떻게 반응할지, 내 일을 어느 정도의 강도와 밀도를 갖고 추진할지를 타인이 강제하는 것이 아니라 스스로 결정하게 된다. 누구도 여러분의 내면세계로 들어와 강한 주체의식을 강제하거나 강요할 수는 없다.

나는 늘 '내가 내 인생을 살고 있다'는 강한 자각이 있다. 젊은 날부터 보상에 크게 연연해 하지 않았다는 점이 이제 와서 생각해보면 신기하기도 하고 대견하기도 하다. 오늘의 보상이 부족하면 미래에 더 많은 보상으로 다가오는 것이 바로 삶이라 생각한다.

여러분은 지금 이 순간에도 회사의 역사가 아니라 여러분 자신의 역사를 기록해가고 있음을 잊지 말아야 한다. 이 순간이 바로 나의 역사인 점을 받아들인다면 어찌 순간순간을 절실하게 받아들이지 않겠는가? 그리고 자신을 더 나은 인간으로 만들어나가기 위해 어찌 온갖 노력을 다하지 않을 수 있겠는가? 남의 인생이 아니라 바로 내 인생인데 말이다.

## 열의

공부하는 일이 밥 먹듯이 몸에 완전히 익숙해지는 단계에 도달할 때까지 참고 견뎌내야 한다. 그렇다면 참고 견뎌내면서 앞을 향해 계속해서 나아가게 하는 힘은 무엇일까? 그것은 일종의 에너지라고 생각한다. 그런 에너지는 새로운 것을 배우고 익혀서 자신을 더 나은 인간으로 만들고 이를 통해서 자신이 처한 삶의 상황을 개선하려는 추진력이라 할 수 있다.

학생이건 성인이건 간에 학습에는 열의가 있어야 한다. 배우고 익히려는 열의가 없다면 누구에게도 배우도록 강요할 수 없다. 물론 타고날 때부터 유전적으로 열의를 가진 사람들이 있다. 주변 사람들을 보면 어떤 유형의 사람들인지를 알 수 있을 것이다. 당장 이익이 되지 않더라도 무엇을 하든 열심히 하는 사람들이 있을 것이다.

그들의 공통점은 경제적이거나 단기적인 이익에 관계없이 '더 나아짐better'이나 '향상' 자체에 큰 의미를 둔다는 것이다. CNN 창업자인 테드 터너의 자서전 《테드 터너 위대한 전진Call Me Ted》에는 자신에 대한 평가가 등장한다.

"성공 요인을 한 가지 들자면, 나에게는 항상 많은 활력이 넘쳐 났다. 어렸을 때부터 줄곧 정신과 육체를 활발하게 움직였고 가만히 앉아 있을 수가 없었다."

테드는 자신이 에너지로 차고 넘친 사람이었다고 고백했다. 나는 그 고백에서 열의라는 한 단어를 떠올리게 된다. 그의 자서전에는 새로운 분야로 진출할 때마다 무서우리만큼 열심히 공부하는 장면들이 여러 번 등장한다. 그는 공부에 열의를 가진 인물이었다. 열의를 가진 사람은 당장 자신의 분야와 관련되지 않더라도 일과 가정과 조직과 세상을 더 나아지게 만들 수 있는 아이디어나 사례, 인물 등에 유별난 관심을 갖는다.

그들은 그렇게 자신의 생활 속에 새로움을 더하는 일이 마치 방전된 배터리를 충전하는 일과 같다는 점을 잘 알고 있다. 그들에겐 지겨움과 반복이 없다. 세상은 항상 신기하고 배움으로 가득 차 있는 곳임을 스스로 알기 때문이다. 한마디로 그들은 세상을 재미있고 유쾌하게 살아가는 나름의 방법을 알고 있다.

그들은 그런 방법을 통해서 더 높은 곳이나 더 나은 곳을 향해서 나아갈 수 있는 에너지를 확보하게 된다. 그것은 특별한 스타일의 읽기가 될 수도 있고 특별한 만남이 될 수도 있다. 그것이 어떤 것이든지 간에 스스로 열의를 계속해서 만들어내는 방법을 차근차근 자신의 것으로 만들도록 노력해야 한다.

그렇다면 나는 어떻게 열의를 만들어내는 걸까? 타고난 부분이 어느 정도 있음을 부인할 수 없다. 그런데 나는 그 타고난 부분을 후천적인 노력으로 더 높은 단계까지 이끌어냈다고 생각한다. 어떻게 그것이 가능할 수 있었을까? 삶 자체를 거대한 경외감과 호기심의 대상으로 접근하면 가능한 일이다. 내가 만남, 현상, 사물 등에 호기심을 갖는다면 세상은 알아야 하거나 모르는 일로 가득 차 있다는 것을 알게 된다. 일단 그렇게 세상을 바라보기 시작하면 그다음부터는 공부하지 않고는 배겨낼 수 없다.

<br>

## 계획

'이 많은 시간을 어떻게 해야 하나?'

많은 사람이 은퇴하거나 은퇴한 이후 상당한 시간이 흐른 다음에야 고민에 빠질 것이다. 그런 상황에 부닥치지 않는 한 대부분의 사람은 시간부족에 시달리게 된다. 특히 SNS(소셜네트워크서비스)를 비롯한 각종 모바일기기가 널리 사용되면서 시간부족 현상은 점점 심해져가고 있고 앞으로도 이 문제는 해결될 기미를 보이지 않을 것이다.

오늘날은 과거와 비교할 수 없을 정도로 오락을 즐길 수 있는 시대가 되었다. 당장 스마트폰이 대중화되면서 책 읽는 시간이 줄어들었음을 느낄 것이다. 앞으로도 여러분의 시간을 빼앗아가는 도구들은 더욱 더 번성할 것이다. 따지고 보면 우리는 공부를 통해 주도적으로 생각하는 능력을 얻고자 한다.

물론 모바일기기를 이용해서 공부하는 방법의 긍정적인 효과를 부정하는 것은 아니다. 하지만 대부분 사람은 자신의 경험을 통해 다소의 고통을 수반하는 공부보다는 당장 즉흥적인 기쁨을 주는 오락과 유희를 다루는 사이트나 앱에 손이 더 가게 된다는 사실을 잘 알고 있을 것이다. 자신의 시간을 보호하는 일, 특히 의미 없는 검색과 같은 일들로부터 자신을 보호하는 일은 중요하다. 이때는 자신이 가치창출을 주도하는 인재가 될 것인지 아니면 타인이 생산한 가치를 소비하는 주체로 살다가 갈 것인지를 생각해봐야 한다.

그렇다면 공부는 왜 하는가? 스스로 부가가치를 창출하는 주역이 되기 위해서다. 이 문제점을 제대로 지적한 사람은 세계적인 IT 미래학자이자 경영컨설턴트인 니콜라스 카Nicholas Carr이다. 그는 《생각하지 않는 사람들The Shallows》이라는 저서에서 구글로 대표되는 검색에 대해 흥미로운 견해를 제시한다.

인터넷 서핑을 하며 무언가를 찾고 스캐닝하는 동안 이를 관장하는 신경회로는 강화되는 반면에 상대적으로 깊이 사고하고 분석하고 통찰하는 능력은 감소한다는 주장이다. 또한 끊임없이 무엇인가를 클릭하도록 유혹하는 모니터 앞에서 구글을 비롯한 해당 업체는 경제적인 이익을 보겠지만 클릭을 하는 사람들은 집중력과 주의력이 저하되는 경험을 할 수밖에 없다고 말한다. 또한 그는 검색 엔진으로 무장한 업체들이 사람들로 하여금 끊임없이 무언가를 클릭하는 환경으로 내몰고 있다는 점이 문제이긴 하지만 이를 막는 방법은 없다고 지적한다.

물론 방법이 없는 것은 아니다. 스스로 모바일 혁명이 가져오는 문제점을 직시하고 자신을 보호하는 대비책을 갖고 있으면 된다. 스스로 자신의 시간을 아끼고 그 시간 동안 공부와 같은 생산적인 활동에 집중할 수 있는 시간을 확보하는 방법을 마련해야 한다. 공부는 일정 시간 동안 주의력과 집중력이 투입된 상태에서 이루어지는 경우가 많다. 결국 마감 시간을 정하고 그 시간 동안 자신이 무엇을 해내야 할 것인가를 스스로 약속하고 이를 마감 시간과 함께 점검하는 고전적인 시간 관리법이나 계획 세우는 법을 완전히 익혀야 한다.

자본주의는 결국 무엇인가를 팔아야 돌아갈 수 있는 체제다. 이 체제에서는 마약과 같이 명백히 해로운 것이 아니면 판매를 위해 다양한 마케팅 수단들이 허용되는 것은 당연한 일이다. 그렇다면 여러분과 내가 자유의지를 발휘해야 하는 것은 자신의 시간을 보호하는 방법을 익혀서 무기로 활용하는 일이라 생각한다.

결코 모바일기기의 노예가 되거나 중독되지 않도록 나름의 대비책을 갖고 있어야 한다. 스스로 공부에 집중할 수 있는 시간을 만들어내는 일 또한 각자의 몫이기도 하다. 이를 위해 확실한 방법이나 도구를 활용할 수 있어야 한다.

## 습관

　　큰마음을 먹고 공부를 한다고 생각할 필요는 없다. 큰마음을 먹는 일은 좀처럼 생기지 않을 테니까 말이다. 조금씩 짬이 날 때마다 혹은 짬을 내서 공부한다고 생각하면 된다. 언젠가 한 초등학교에서 아이들 독서력을 향상하기 위해 '독서 식사노트'라는 것을 만들어 아이들에게 읽은 책의 주제와 내용을 간단하게 적어나가는 방법을 사용하고 나서부터 아이들이 책을 읽는 양이 많이 늘어났다는 소식을 전해 들었다.

　　바로 여기에 공부의 핵심이 숨어 있다. 식사는 하루도 빠지지 않고 세 끼를 꼬박꼬박 챙겨 먹지 않는가? 독서 역시 식사와 마찬가지로 늘 하는 것이라는 인식을 '식사노트'라는 이름만으로 아이들에게 각인시킨 것이다. 무엇이든 거창하게 생각할 필요는 없다. 텔레비전을 볼 때도 공부를 한다고 생각하고 보면 된다. 새로운 거래처에 사람을 만나기 위해 방문하는 때도 가벼운 공부라고 생각하면 된다.

　　공부에 대해 우리가 가진 전통적인 고정관념을 접어버리면 살아가는 모든 순간이 공부하는 과정이다. 늘 오고 가는 출퇴근 길도 학습 과정으로 받아들여 보자. 여러분을 스쳐가는 풍경이나 사람들의 많은 부분을 바라보는 시선을 바꿔보는 것만으로도 이 과정은 배울 수 있는 것들로 얼마든지 변화할 수 있다.

　　공부는 훌륭한 습관과 동행하는 것이다. 공부를 꾸준히 함으로써 멋진 습관을 지닐 수 있게 되지만 동시에 멋진 습관을 갖고 있기 때문에 더욱더 효과적인 공부를 할 수 있다. 여러분이 가진 중요한 습관 목록을 차분히 검토해보자. 목록을 차근차근 기록해보면 더 좋을 것이다. 이 가운데서 공부를 촉진하는 습관들은 어떤 것이고 공부를 방해하는 습관들은 어떤 것인지를 구분해보라.

그다음에는 촉진하는 습관은 더욱더 강화하고 방해하는 습관을 하나하나 제거하도록 노력해보라. 어떤 습관이 도움이 될까를 고민하는 사람이라면, 얼마 전에 내가 썼던 《습관은 배신하지 않는다》를 읽어보는 것도 좋다. 작은 습관이 운명을 바꾸기도 하는 법이다.

## 컨디션

공부는 짧은 시간을 하더라도 고도의 집중력과 결합하면 큰 효과를 거둘 수 있다. 여러분이 한창 공부하던 학창시절을 잠시 회상해보자. 찌뿌드드한 얼굴, 언짢은 기분, 그리고 머리를 오고 가는 온갖 잡념들 가운데 한 개 또는 두 개 정도가 결합해 있는 상태라면 공부의 생산성은 형편없이 추락하고 말았을 것이다.

정신노동을 요구하는 대부분의 활동이 그렇듯이 공부에서도 몸과 마음이 최상의 상태가 되어야 최상의 결과를 만들어낼 수 있다. 따라서 여러분 삶의 중심에 몸과 마음의 상태를 최상으로 유지하는 나름의 방법을 갖고 있어야 하고 이를 적극 생활 속으로 끌어들여야 한다. '최상의 몸에 최상의 정신을Best Body Best Mind'이란 구호는 공부에도 그대로 적용될 수 있다.

여러분은 몸의 전반적인 상태를 저하하는 활동이 무엇인지를 정확히 알고 있는가? 꼼꼼히 챙겨볼 일이다. 나에게 가장 힘든 상태 가운데 하나로는 과식상태를 들 수 있다. 그래서 내겐 충분함 그 이상의 음식 때문에 포만을 느끼지 않도록 하는 일이 중요하다. 포만을 느끼는 상태에서 공부 효율이 떨어지는 일은 쉽게 예상할 수 있다. 음식물을 소화시키기 위해 혈액이 윗부분으로 이동하게 되고 그 결과 두뇌 활동이 저하된다. 포만감은 내가 가장 싫어하는 상태이기 때문에 가능한 식사량을 적절히 조절하기 위해 노력한다.

공부와 관련해서 몸의 상태를 저하시키는 요인에는 또 어떤 것이 있을까? 바로 과음이다. 사회생활을 하는 사람은 대부분 술을 마신다. 따라서 과음 때문에 자주 생활리듬이 깨지고 회복하고, 다시 과음을 해서 생활리듬이 깨지는 악순환에 빠진 분들을 만나는 경우는 흔하다. 사람이 본래 약한 존재이기 때문에 스스로 그런 상태에 빠지지 않도록 노력해야 한다. 가능한 자기만의 원칙을 정하는 것이 중요하다.

공부의 경우엔 약간의 음주만으로도 부정적인 효과가 크다고 생각한다. 나 또한 금주론자는 아니다. 하지만 나이가 들수록 소량의 알코올 투입만으로도 두뇌 활동이 현저하게 떨어지는 것을 자주 느낀다. 나는 금주를 위해 노력했고 이제는 거의 술을 마시지 않는 수준까지 도달하게 되었다.

물론 이것이 좋은지 아닌지에 대해서 사람마다 다른 평가를 할 수 있다. 하지만 한 가지 분명한 점은 공부만을 기준으로 보면 금주가 확실히 도움된다는 것이다.

마지막으로 평상시 몸 상태를 점검해보자. 공부할 때 몸 상태가 찌뿌드드하다면 분명 부정적인 효과를 미친다. 이때는 꾸준한 운동이 도움된다. 시간을 많이 들일 수 없다면 간단한 스트레칭과 같은 가벼운 운동만으로도 큰 효과를 거둘 수 있다.


## 규칙성

인간이 시계처럼 규칙적으로 생활할 수는 없다. 이따금 일정한 생활궤도에서 벗어나는 일들이 일어나게 된다. 그리고 때론 정해진 일정에 따라 사는 것이 스트레스가 될 수도 있다. 하지만 공부를 기준으로 보면 규칙적으로 정해진 일정에 따라 사는 것이 좋다.

예를 들어, 아침 저녁에 자기 나름의 계획을 세워서 일정한 시간 동안 필요한 공부를 하는 경우를 생각해보자. 생활 리듬이 깨지면 복원하는 데 상당한 고통을 경험하게 된다. 정상궤도로 돌아가는 동안 일, 공부, 기타 생활의 많은 부분이 뒤죽박죽되는 것이다.

두뇌는 자신에게 쾌락을 주는 활동을 반복하려는 속성이 있다. 그래서 음주나 흡연이나 카페인 등과 같은 중독성 물질을 끊기 어려운 것이다. 그런데 이런 부정적인 중독도 있지만 긍정적인 중독도 드물지 않게 있다. 이 가운데 하나가 생활을 규칙적으로 해나가는 데서 오는 편리함과 쾌적함이다. 따라서 두뇌가 이를 강하게 인지하게 되면 웬만하면 규칙성을 깨뜨리려고 하지 않는다.

또한 두뇌는 불쾌한 감정을 일으키는 활동에 대해서도 보호 조치를 취하는 속성이 있다. 다시 말하면 그런 활동을 반복하지 않으려는 속성이 있다. 경험에 따르면 일단 일정한 생활방식이 어떤 외부적인 사건 때문에 무너지고 나면 이를 원상태로 복원하기가 어렵다. 두뇌는 그런 힘든 일을 본능에 따라 거부하는 것이다.

두뇌가 가진 이 같은 속성을 제대로 이해한다면 생활에 규칙성을 부여하는 일은 중요하고 또 필요하다. 또한 일정한 시간대에 여러분이 필요한 업무나 공부를 반복해서 수행하면 몸과 마음이 모두 그런 규칙성에 적응하기 때문에 리듬을 타듯이 생활할 수 있다. 효율도 최고도로 올릴 수 있음은 물론이다. 공부도 그렇게 하면 큰 효과를 거둘 수 있다.

# 2부

# 총명한 삶의 궁리 '공병호식 공부법'

행동의 가치는 그 행동을 끝까지 이루는 데 있다.

칭기즈칸

# 제3장

# 공부 근력을 키우는 일상혁명

"여기서 소개하는 가벼운 글쓰기, 책 읽기, 관찰, 책 쓰기,
경청과 질문 등은 모두 나 자신이 직접 사용해왔고
지금도 사용하면서 큰 효과를 보고 있는 공부법이다.
이 방법은 앞으로도 계속 개선되고 혁신되겠지만
큰 틀은 변함없을 것이다.
여러분도 나의 틀을 가져다 일상에서
공부 근력을 무럭무럭 자라나게 할 수 있기를 바란다."

# 사고를 명료하게 하는
# '가벼운 글쓰기'

## 가볍게 시작하는
## '글쓰기'

공부법에서도 우연을 무시할 수 없다. 가벼운 글쓰기가 나에게 중요한 공부법이 된 일은 실로 우연에 가까웠다. 물론 가벼운 글쓰기는 의무적인 원고 쓰기에서 시작되었고 직장생활 초년부터 지금까지 대략 30여 년이 되었다.

처음에는 잡지나 신문 그리고 기업 사보에서 청탁하는 원고를 쓰는 일로부터 시작되었다. 그러나 긴 글이든 짧은 글이든 간에 누군가의 부탁을 받아서 쓰는 원고는 공부법의 하나라기보다는 반드시 마감 시간에 맞춰 마무리해야 할 업무에 가까웠다. 그런데 4~5년 전부터 홈페이지를 방문하는 분들에게 딱딱한 글을 제공하기보다는 부드럽고 가벼운 글을 제공할 수 있으면 어떠냐는 생각을 해보았다.

하지만 당시만 하더라도 나는 블로그조차 운영하지 않았다. 가벼운 글쓰기는 그저 시간을 낭비하는 일 혹은 쓸모없이 에너지를 낭비하는 일 정도로 생각했다. 반면에 개인 홈페이지는 초기의 엉성한 모습까지 포함해 20년 넘게 운영해왔다.

나는 괜찮은 아이디어가 떠오르면 미루지 않고 즉시 실천에 옮긴다. 가벼운 글쓰기를 해보면 어떠냐는 생각이 떠오름과 동시에 즉시 나의 페이지를 '공병호의 공개 학습노트'라는 개념으로 운영하기 시작했다. 이와 동시에 블로그도 운영하기 시작했다.

가벼운 글쓰기는 일기를 쓰는 일과는 전혀 다른 일이다. 그러니까 하루하루 생활해가면서 만나는 모든 것들을 글쓰기 대상으로 삼게 된다. 여기서 만남은 사람과의 만남에 국한되지 않는 광범위한 접촉을 말한다. 그것은 길을 가다가 우연히 본 간판이나 광고 문구가 될 수도 있다. 모임에서 만난 사람과 나누었던 대화일 수도 있으며, 트위터의 타임라인에서 어떤 트위터 친구가 깊은 생각 없이 던진 하나의 메시지일 수도 있다.

여러분의 눈, 귀, 입, 코, 그리고 손과 발을 통해서 만나게 된 새로운 사람, 정보, 지식, 경험 등 그것이 무엇이든 간에 그것과 부딪쳐서 생긴 자신의 생각을 써 내려가보라. 여기서 중요한 점은 기록한다든지 적는다든지 등과 같은 용어를 의도적으로 피하는 것이다. 어떤 목적이나 의도를 가진 글쓰기와 확연하게 구분하기 위해서다. 가벼운 글쓰기는 잘 써야겠다는 부담감을 전혀 갖지 않고 그냥 흘러내려가듯이 쓰는 글쓰기를 말한다.

청탁받은 원고는 잘 써야 하는 글이다. 특정 목적을 위해 글을 청탁한 사람이 글의 방향이나 내용에 대해 대략 구체적인 방향이나 지시를 내린 글이기 때문에 글쓰기에는 당연히 약간의 부담감을 안게 된다. 게다가 원고료를 받고 쓰는 글이다.

하지만 내가 홈페이지에 흘러내려가듯이 아무런 부담 없이 쓰는 글은 형식도 필요 없다. 잘 쓰면 좋겠지만, 꼭 그렇게 해야 할 의무도 없으며 분량에 제한도 없다. 그냥 마음 가는 대로 생각 가는 대로 손이 가는 대로 그리듯이 써 내려가면 된다. 그러면 언제 이런 글쓰기를 하는 것이 좋을까? 전혀 제한이 없다. 새벽녘에 글쓰기를 할 수도 있고 이동하는 중에 잠시 짬을 내서 할 수도 있다. 나는 기차나 비행기를 기다릴 때 홈페이지에 가벼운 글들을 자주 올린다.


• •

# 나의 아주 가벼운
# 글쓰기 사례


이해를 돕기 위해 예를 들어보자. 지금 시각은 새벽 4시 30분인데 오늘의 기상 시간은 3시다. 세수하고 난 다음 작업을 시작했다. 새벽은 생산성이 아주 높은 시간대이기 때문에 책을 쓰는 것이 효율적이다. 그런데 자주는 아니지만 이 시간대에 이따금 가벼운 글을 쓰고 싶다는 욕구를 느낄 때가 있다.

오늘은 〈조선일보〉의 박은주 기자가 카이스트의 서남표 총장과 가진 얼마 전의 인터뷰(카이스트에 재학 중이던 한 학생의 자살사건으로 혼란이 일어나기 훨씬 전)가 문득 떠올랐다. 우연히 생각이 났는데 아마도 어제 밑바닥을 벗어나 재기를 위해 온 힘을 다하고 있는 어느 제조업체를 방문해서 무려 4시간 동안 강연을 했던 점이 자극을 주었을 것이다.

인터뷰에서 시선이 머문 대목은 박 기자가 서 총장에게 던진 '당신에게 카이스트 개혁은 무엇인가?'라는 질문에 대한 서 총장의 답이었다.

"난 카이스트 개혁이 아니라 세계 최고 대학을 만들러 온 거다. 과거의 방법으론 안 돼서 새 방법을 쓰는 건데 그걸 남들이 개혁이라고 부른다. 한국에서도 세계 최고의 대학이 나와야 한다. 그래야 한국 사람이 잘살고 다른 나라 사람도 잘살지 않나. 인류를 위해서 내가 그런 것을 해야 한다."

이 문장들 가운데서도 특히 나를 움직인 것은 '그래야 한국 사람이 잘살고, 다른 나라 사람도 잘살지 않나'라는 대목이다. 나는 새벽에 당연히 해야 할 책 쓰기 작업을 뒤로 미뤄버린 채 '탁월함을 향한 전진'이란 제목의 가벼운 글을 썼다. 글 끝에는 '2011년 2월 10일, 새벽 3시 32분, 공병호'를 남겼다. 그러니까 나는 서 총장의 한마디에 마음이 동해 15분 정도를 들여 마치 붓글씨를 흘려 쓰듯이 생각을 정리해보았다. 그 글 속에 이런 대목이 들어 있다.

"나는 새벽 이른 시간에 일어나서 늘 일을 시작합니다. 누가 나에게 살 만한데 그렇게까지 할 필요가 있느냐고 묻습니다. 그러면 저는 이렇게 답합니다. 삶은 그저 배부르고 등 따습고 편안하다고 해서 잘사는 것이 아닙니다. 삶은 완벽함과 탁월함을 향한 전진이어야 합니다. 그런 삶에는 진한 감동이 있습니다."

그렇게 약간 달아오른 나는 어제 강연 시작을 열었던 한 가지 질문을 다시 떠올렸다.

'애플이 주도한 스마트폰 시장에서 최종 승자는 누가 될 것인가?'

애플은 훗날 한국 기업들이 영원히 계속될 것만 같았던 노키아 주도권에서 벗어나 세계 시장을 주도할 수 있는 절호의 기회를 제공받은 대사건으로 기억할 것이라는 취지의 칼럼 '요동치는 변화의 물결 앞에서'를 올렸다.

그다음 지금 여러분이 읽고 있는 이 책을 계속 쓰고 있다. 그렇게 시도 때도 없이 그냥 쓰고 싶은 모티프가 생기면 그냥 써내려 간다. 나에게 가벼운 글쓰기는 전천후 글쓰기와 동의어다. 인터넷에 연결될 수 있는 장소라면 언제 어디서든 마음이 끌리면 그냥 시작하는 글쓰기다.

## 생각의 근육을 키우는 '유쾌한 글쓰기'

가벼운 글쓰기를 통해서 얻을 수 있는 이득은 무엇일까? 우선 자신의 생각이나 관점 그리고 의견을 훈련할 수 있는 멋진 방법이다. 그저 늘 남의 글을 읽는 것에 그치면 자신만의 생각이나 의견을 만드는 일은 미흡해진다. '음, 괜찮은 정본데' 혹은 '좋은 의견이구나' 정도에서 그치고 만다.

하지만 직접 글을 써보면 자기 생각을 정리해볼 수 있다. 아주 작은 주제에 대해서도 그냥 읽는 것에 그치는 것과 직접 써보는 것 사이에는 큰 차이가 있다. 가벼운 글쓰기는 마치 앞에 누군가를 앉혀두고 대화를 나누듯이 써가는 것을 말한다. 이 과정에서 자신의 의견이 만들어지게 된다.

또한 말은 하고 나면 허공으로 날아가버리지만 글이란 모니터 화면 위에 혹은 프린트된 종이 위에 남게 된다. 사람들은 어떤 글이든지 간에 적고 나면 한 번 또는 두 번 정도 읽어보게 된다. 더 나은 글로 다듬기 위해서이기도 하지만 흘리듯 쓴 글은 오타가 날 가능성이 높기 때문이다. 자신이 막 쓴 글을 찬찬히 읽어가는 과정에서 자신의 주장이나 의견이 가진 모순이나 문제점을 스스로 찾아낼 수 있다.

가벼운 글쓰기 과정을 거치면서 자기 의견과 자기주장을 차곡차곡 만들어가게 된다. 마치 머릿속에 일정한 틀 혹은 프레임을 만드는 작업이라 할 수 있겠다. 이것은 일반인들이 누구든지 손쉽게 하는 방법으로 이러한 가벼운 글쓰기를 통해서 자신의 머릿속에 세상, 사물, 현상을 바라보는 일종의 지적 구조를 만들어가는 것이다.

지적 구조는 많이 읽는 것만으로는 부족하고 직접 글로 정리해봐야 생기는 것이다. 또한 가벼운 글쓰기는 책 쓰기에 비할 바는 아니지만 사고를 명료하게 만들어준다. 정리된 사고를 갖는 일은 우리가 무슨 일을 하든지 간에 큰 도움을 준다.

예를 들어, 정리된 사고를 하는 사람들은 사물이나 현상의 핵심을 꿰뚫는 능력을 갖추게 된다. 어떤 사람들이 그런 사람일까? 인터뷰할 때 질문자의 질문에 횡설수설하지 않고 첫째, 둘째, 셋째 순서로 자신의 핵심 메시지를 제시할 수 있다면 정리된 사고를 하는 사람이다. 이런 훈련은 글쓰기를 통해서 얼마든지 가능하다.

자기 의견을 갖는다는 것은 또 다른 긍정의 파급효과를 낳게 된다. 사물이나 현상을 자신의 관점 혹은 시각을 통해 바라볼 수 있는 능력을 차곡차곡 쌓아가게 된다. 자신의 시각으로 바라볼 수 있다는 것은 또한 곧바로 남이 보지 못하는 기회를 찾아낼 수 있는 능력과 맞닿게 된다. 이런 능력을 키울 수 있는 나름의 방법을 갖고 이를 꾸준하게 훈련해갈 수 있는 도구나 수단을 소유한다는 것은 대단한 일이다.

바로 가벼운 글쓰기가 여러분에게 주는 큰 선물이다. 그뿐만 아니라 자기관점으로 바라보기를 훈련해간다는 것은 또 다른 면에서 보면 남이 생각해내지 못하는 독특한 아이디어나 해법을 만들어내는 능력을 키우는 것을 뜻한다. 마치 근육을 단련하는 것처럼 매일매일 자신의 능력을 업그레이드해 나가는 사람이라면 얼마나 탄탄한 직업인이 될 수 있겠는가? 게다가 가벼운 글쓰기는 현장에서 여러분이 실천을 통해서 갖는 다양한 경험들을 하나로 꿸 수 있는, 다시 말하면 경험들을 체계화할 수 있는 효과적인 방법 가운데 하나라 생각한다. 이처럼 다양한 경험들이 제대로 체계화되면 그만큼 직업인으로서 성장 속도도 더 빨라지게 될 것이다.


## 무한한 가능성의
## '블로그 글쓰기'

그렇다면 가벼운 글쓰기는 어떻게 하는 것일까? 여러분은 두 가지 방법을 사용할 수 있다. 그중 한 가지는 일기를 쓰듯 자신만 볼 수 있는 공간에 글을 쓰는 것이다. 그리고 다른 한 가지는 온라인상에 글을 쓰는 것이다. 글쓰기 목적에 따라 사용 방법은 달라질 것이다.

여러분이 글쓰기를 할 때 내적 성찰이란 부분에 비중을 더 크게 둔다면 당연히 일기장을 사용해야 한다. 그러나 여기서 추천하고 싶은 방법은 웹상에 올리는 글쓰기다. 홈페이지는 글 쓰는 사람이 누구인가를 명확히 밝혀야 하는 장소이기에 사람에 따라서는 꺼릴 수도 있다. 그렇다면 별다른 비용 부담 없이 바로 시행하는 방법이 자신의 블로그를 만들어서 활용하는 방법이다.

나처럼 블로그 주인이 누구인지를 공개할 수도 있지만 공개하지 않고 편안하게 글을 쓸 수도 있다. 온라인상의 글쓰기는 큰 장점을 갖고 있다. 그것은 속도나 교정 면에서 탁월하다. 내가 이 글에서 여러 번 강조해온 것은 '흘려 쓰듯이'라는 표현이다. 글을 빠르게 쓸 수 있어야 하고 언제든지 자신이 쓴 내용을 고칠 수 있어야 한다는 것이다.

특히 사람에 따라서는 펜을 들고 글을 오래 쓰는 일을 무척 싫어하기도 한다. 그들에게 펜으로 글을 쓰는 일은 즐거움이라기보다도 고통스러운 일이 될 수 있다. 나 또한 그런 사람에 속한다. 그래서 나는 블로그를 통해서 자신의 의견을 정리하는 일을 적극 추천한다. 글의 분량이나 잘 써야 한다는 부담감을 제쳐놓을 수 있다면 모든 사람은 글쓰기를 제대로 할 수 있다.

나는 모든 사람이 글을 쓸 수 있음에도 그런 기회를 자주 얻지 못했기 때문에 능력을 사장하고 있다고 생각한다. 여러분이 이 글을 읽고 난 다음에 '참으로 좋은 아이디어다'라고만 생각하지 말고 곧바로 실천에 옮겨보기를 권한다. 일단 용기를 갖고 시작하면 절반은 성공한 셈이다. 그다음에 그 글을 어떻게 하면 많이 읽을 것인가 고민하는 점은 또 다른 과제라고 생각한다.

또한 가벼운 글쓰기의 주제를 고민할 때도 먼 곳에서 혹은 지나치게 근사한 주제를 찾아 헤맬 필요는 없다. 오고 가는 출근길에서 본 특이한 사항이 있다면 이를 그냥 다른 사람에게 전달한다고 생각하고 글을 쓰면 된다. 자신의 의견이 적거나 아예 없어도 괜찮다. 충실하게 묘사하는 것만으로도 대단한 일이다.

처음에는 가벼운 주제를 선택하거나 아니면 자신이 잘 아는 분야를 중심으로 주제를 선택해서 글쓰기를 해야 한다. 이때 가벼운 글쓰기는 공개를 원칙으로 한다. 사람이란 묘한 존재라서 자신만 읽고 마는 것보다 다른 사람들이 읽어주리라 기대하는 일을 하는 것을 좋아한다.

"누군가가 내가 쓴 글들을 읽을 것이라는 기대감 때문에 열심히 글을 쓴다."

행동경제학 분야의 선두주자인 듀크대의 댄 애리얼리Dan Ariely 교수가 한 말이다. 맞는 말 아닌가. 여러분의 글을 누군가 더 많이 읽어주면 줄수록 더 신이 날 것이다. 따라서 누구든지 여러분의 글을 읽을 수 있도록 하는 것이 좋겠다.

## 미흡한 시작일지라도
## 당장 시작하라

가벼운 글쓰기에서 흥미로운 또 하나의 방법은 읽기와 쓰기를 동시에 진행해보는 방법이다. 내가 젊은 날부터 나 자신을 훈련하는 데 자주 사용해온 방법이다. 일단 책을 읽고 나면 그 책에 대해서 글쓰기를 해보는 것이다. 그런데 아주 잘 써야겠다고 결심하면 추진력을 잃어버리게 된다. 그냥 내가 막 읽기를 끝낸 책 가운데서 인상적인 대목이 있다면 이 대목을 다른 사람에게 소개하면 좋겠다는 소박한 마음으로 글쓰기를 시작하면 된다.

내가 읽었던 책에는 이런저런 내용이 있었는데 그 내용은 이렇다는 형식을 취하면 된다. 그러니까 그저 사실을 소개하는 일이다. 그 소개를 그대로 인용할 수 없으니까 분량을 줄여서 요약정리를 한다고 생각하면 좋다. 여기서 나온 한 단어 '요약정리'라는 표현은 가벼운 글쓰기를 처음 시작하는 사람들이 가슴에 꼭 새겨야 할 말이다.

자기 의견을 더하지 않더라도 처음에는 요약정리를 한다고 생각하면 된다. 그것도 책 전체에 대한 요약정리는 어려울 테니까 특정 내용에 대한 정리 정돈으로부터 출발하면 된다. 그다음에 글쓰기가 어느 정도 궤도에 들어서게 되면 그때부터 책 전체를 대상으로 요약정리를 할 수 있다. 독서 이후의 글쓰기에는 또 다른 방법들도 있다.

예를 들어, 독서 중 가슴에 크게 와 닿는 문장이나 표현들을 만날 때가 있을 것이다. 감동했다든지 아니면 크게 동감한 부분이 있다면 그대로 글로 옮겨보는 것이다. 가벼운 글쓰기의 방해물 가운데 으뜸은 글을 잘 써야겠다는 욕심이다. 그렇게 욕심을 갖는 순간 부담이 생기고 글도 잘 나오지 않을 뿐더러 새로운 글을 시작하기도 어려울 것이다.

그래서 그냥 머리에 떠오르는 것들을 바깥으로 출력한다는 혹은 쏟아낸다는 생각으로 가볍게 쓰면 된다. 아무튼, 가벼운 글쓰기는 창조하는 능력이나 기회포착 능력 그리고 살아가는 즐거움을 만들어내는 데 무척 유용한 방법이라 생각한다. 글쓰기는 작가들처럼 특별한 직종에 속한 사람들의 고유 기능이라는 고정관념만 버린다면 누구든지 가벼운 글쓰기의 유용성과 즐거움을 자신의 것으로 만들 수 있을 것이다.

그렇게 시작한 글쓰기는 글쓰기 자체에 대한 두려움을 없애주고 장기적으로는 자신의 분야에 대한 책 쓰기로 연결될 가능성의 문을 활짝 열어준다. 《성경》의 한 구절 '시작은 미흡하지만 그 끝은 창대하리라'처럼 가벼운 글쓰기가 여러분에게 어떤 기회를 선사해줄 수 있을지 아무도 알 수 없는 일이다. 이것저것 복잡하게 생각하지 말고 당장 시작해보기를 권한다.

# 02

# 신선한 가치창출에 대한 중독 '책 읽기'

## 책 읽기는 나만의 보물찾기

나에게 독서는 일이기도 하지만 취미이기도 하고 특기이기도 하다. 나는 조금이라도 여유 시간이 생기면 항상 책을 펼친다. 중독이란 단어를 사용해도 무리가 아닐 것이다. 기분이 좀 울적할 때, 피곤할 때, 마음을 잡을 수 없을 때 사람마다 그 기분을 없애는 방법이 다를 것이다. 나는 그럴 때면 어김없이 깊은 독서에 빠지곤 한다. 한 시간도 좋고 두 시간도 좋다. 어떨 때는 반나절이나 온종일 책을 읽으면서 보내기도 한다. 책을 읽는 분야도 거의 제한이 없다.

아마도 내가 대학에 적을 둔 선생님이었다면 전공 분야를 크게 벗어나기 어려웠을 것이다. 그래서 나는 내가 40세를 전후해서 내 마음대로 읽고 내 마음대로 글을 쓸 수 있는 '1인 기업가'의 길로 들어선 것을 자주 축복하기도 한다. 장르를 가리지 않고 어떤 책이든 내가 읽고 싶은 책을 마음껏 읽을 수 있다는 점 때문이다.

나는 규칙적이지는 않지만, 마음이 끌릴 때는 온라인 서점에 들어가서 그동안 나온 신간들을 훑어보고 웬만한 책들은 다 주문해버린다. 또한 주말에 주요 일간지 서평 코너를 읽다가 재미있을 것 같은 책이나 나의 부족함을 채워줄 법한 책이라면 서평을 대충 읽고 바로 주문해버린다.

서점은 자주 방문하지 않는다. 시간이 부족하기 때문이기도 하지만 또 한 가지 특별한 이유가 있다. 서점에서는 각별한 스트레스(?)를 느끼기 때문이다. 여기서 '각별한'이란 표현을 사용한 것은 웬만해선 스트레스를 느끼지 않지만 유독 서점에서 스트레스를 느낄 가능성이 한층 높아지게 된다는 것이다. 그곳엔 전 세계 유명 작가들이 쓴 책들이 즐비하기 때문이다. 나는 서점을 갈 때마다 이런 외마디 비명을 지르곤 했다.

"이렇게 많은 책 가운데 내가 쓴 책들이 팔리는 것은 기적이야, 기적."

나는 그렇게 생각하면서 살기 때문에 본능에 따라 '낮은 데로 임하소서'라는 문장을 가슴에 새기면서 살아간다. 사실 나에게 인생은 열등감을 극복해가는 과정이기도 하다. 전 세계 좋은 작가들의 글을 읽으면 읽을수록 열등함을 느끼기 때문이다. 이제 나도 어느새 중년 후반을 넘어서 장년의 나이에 접어들게 되었다.

내가 가진 시간이 얼마나 소중한가를 뼈저리게 체험할 때가 잦다. 이제 내가 가진 시간이 그렇게 많지 않다는 사실도 절절히 느낀다. 그래서 나는 흘러가는 시간을 가능한 한 알차게 채워가려고 노력한다. 그런 노력 가운데 중요한 부분이 많이 읽는 일이다. 내가 특히 자주 활용하는 일은 '자투리 독서'다. 큰마음 먹고 시간을 만들어서 책을 읽는 것이 아니라 조금이라도 시간이 나면 항상 부지런히 읽는 것이다. 그 시간이라고 해야 5분, 10분, 20분 정도의 시간이다.

나는 강연을 위해 이동할 때도 큼직한 가방을 사용한다. 이 가방 속에는 대개 2~3권의 책이 들어 있다. 가벼운 책과 무거운 책들이 적절히 섞여 있다. 서울역에서, 김포공항에서, 지하철 속에서 약간의 시간이 남으면 어김없이 책을 펴서 읽기 시작한다. 나는 몇 권의 좋은 책만 갖고 있다면 항상 행복할 수 있는 사람이다.

나의 책 읽기에는 단순한 즐거움이 전부는 아니다. 분명한 지향점이 있다. 책 읽기를 투입과 산출의 과정으로 이해하는 것이다. 책 읽기에서는 항상 만들어내야 하는 것에 중요한 계기를 제공하는 정보나 지식 그리고 사례를 찾는 데 열심이다. 마치 보물찾기를 하듯이 말이다. 독자 중에는 동의하지 않는 사람들도 많겠지만 나는 시간 보내기 독서나 독서 그 자체를 위한 독서를 별로 좋아하지 않는다.


● ●

## '책 속에서' 역동적 삶의
## 에너지를 구하라

책 읽기를 통해서 기대하는 바는 무엇일까? 신문이나 잡지가 제공하는 기사에 비해서 책은 지식과 정보 면에서 깊고 체계화된 내용을 담고 있다. 내가 책을 집필하는 데 필요한 정보나 지식을 얻는 유용한 방법 가운데 하나가 다방면에 걸친 책 읽기다. 잠시 책 읽기를 하는 동안 두뇌에서는 어떤 일들이 일어날까를 생각해보자. 책을 읽어가는 동안 그다지 의미 없는 정보들은 잊히고 말지만, 줄을 긋거나 여러 가지 표식을 해둔 정보들은 두뇌 속의 정보 저장창고 속에 차곡차곡 쌓이게 된다.

나는 두뇌의 플랫폼 하단에 거대한 정보의 저장창고가 있다는 가정을 자주 해보게 된다. 마치 저수지에 물을 채우듯 정보의 저장창고에 꾸준히 물을 채우는 방법이 꾸준한 독서라고 생각한다. 지금 당장 필요하지 않은 독서도 저장창고를 넉넉하게 채우고 나면 반드시 큰 효과를 발휘하게 된다.

이따금 나에게 책을 쓸 때 정밀하게 파일이나 스크랩 등을 갖고서 하느냐고 묻는 분들이 있다. 그렇지 않다. 막상 책을 써나가다 보면 놀라는 일 가운데 하나가 오래 전에 읽었던 책의 내용이 어렴풋하게 떠오르는 경험을 자주 하게 된다는 것이다. 예를 들면, 어떤 주장을 펼 때 오래전 누군가의 책에서 보았던 이런저런 내용의 주장이나 사례들이 부지불식간에 생각나는 것이다.

나는 독서는 정보의 저장창고에 정보를 유입하는 과정이라 확신한다. 따라서 책 읽기는 책 쓰기와 동전의 양면처럼 밀접한 관계에 있다고 본다. 그래서 다른 작가들과 마찬가지로 나 역시 많이 읽지 않으면 많이 쓸 수 없다고 생각한다. 책이 주는 또 다른 효과는 동지를 만나는 일이다.

우리는 누군가로부터 칭찬이나 격려를 원한다. 그러나 생각해보라. 부모의 슬하를 떠나 성인이 되고 나면 자신에게 칭찬이나 격려를 해주는 사람을 만나기란 쉽지 않다. 아무리 자기 확신이 강한 사람이라도 누군가 또한 자신과 비슷한 주장이나 의견을 갖고 있음을 확인하게 되면 큰 위안과 용기를 얻게 된다.

책 읽기는 몰랐던 것을 알아가는 즐거움을 준다. 나는 인문학을 비롯한 광범위한 분야의 글 읽기를 통해서 끊임없이 지적 자극을 받는다. 채워도 늘 부족함을 느낄 정도로 다른 분야로부터 배워야 할 것과 익혀야 할 것들을 많이 만나게 된다. 그런 과정을 통해서 스스로 사고 지평을 확대할 수 있을 뿐만 아니라 다른 분야에 대한 책 쓰기의 가능성을 모색하게 된다.

책 읽기는 직업인으로서 능력과 역량을 확장해가는 과정이기도 하지만 한 인간으로서 더 나은 인간을 향해 자신을 확장해가는 과정이기도 하다. 또한 책 읽기는 쾌락을 제공하는 유용한 수단이기도 하다. 모든 인간은 새로운 것을 배우고 익히는 데서 즐거움을 느낀다. 다른 즐거움의 원천도 많겠지만 책 읽기는 특별한 상대를 구하지 않고서도 언제 어디서나 자신이 원하는 장소와 시간에 곧바로 즐거움을 만들어낼 수 있다.

책 읽기는 여러분이 원하면 바로 실행에 옮길 수 있다. 사실상 독서는 열심히 살아갈 수 있는 에너지를 공급하는 탁월한 방법이다. 나는 반복적 일상에 새로움을 계속 더함으로써 역동적으로 삶을 살아갈 수 있는 에너지를 독서에서 얻는다. 특히 사람 이야기를 다룬 책 읽기는 늘 자신을 되돌아보게 하고 더 나은 미래를 개척해 나가도록 하는 데 중요한 수단이 된다.

## 요령 있는
## 책 읽기

책 읽기는 어떻게 하는 것이 좋을까? 나는 책 읽기를 크게 수직 독서와 수평 독서로 나누고 싶다.

수직 독서는 주제에 대해 깊이 읽는 방법이다. 만일 여러분이 특정 주제에 대해 깊이 알고 싶다면 그 주제를 다룬 책들을 한꺼번에 깊이 읽어나가면 된다. 이는 내가 책을 쓸 때 주로 활용하는 방법이기도 하다. 반면에 수평 독서는 이 주제 저 주제를 가리지 않고 넓게 책을 읽는 방법을 말한다. 평소에 신간을 읽을 때 사용하는 방법인데 이 또한 책 읽기의 주요 방법 가운데 하나다.

우리 주변에는 책을 읽을 때 학교에서 공부하듯이 착실하게 처음부터 끝까지 읽는 방법을 숭상하는 사람들이 많다. 착실함은 늘 중요한 덕목이기는 하지만 책 읽기에서는 지나치면 부작용이 크다고 본다. 물론 귀하지 않은 책은 없다. 모든 책에는 일부를 제외하면 작가의 고된 노동이 들어 있기 때문이다. 그런데 우리가 세상의 모든 책을 다 읽을 수는 없는 일이다.

시간을 많이 들여야 할 책은 학교 다닐 때 공부하는 것처럼 정독해야겠지만 책 중에서는 중요 내용을 마치 발췌해가듯 읽어야 할 책도 있다. 이런 독서를 나는 '건달 독서'라고 이름 붙였다. 마치 건달처럼 껄렁껄렁하게 책을 읽는 것을 연상하면 된다. 정독할 책도 있지만 대충 읽고 넘겨야 할 책도 있음을 기억하는 일이 여러분의 귀한 시간을 절약하는 방법임을 잊지 않도록 해야 한다.

특히 책을 한번 잡으면 진도가 나가지 않아서 골머리를 앓는 사람이라면 책 읽기 방법을 연구해서 개선하는 일이 필요하다. 그렇지 않으면 항상 한 권의 책을 갖고 지나치게 오랜 시간을 고민하다 포기하는 잘못을 계속해서 범할 수 있다. 그런데 건달 독서라고 해서 책을 대충 보고 넘겨버리는 것으로 생각해선 안 된다. 이른바 80/20 법칙에 충실하게 책을 읽는 것을 말한다는 것을 기억하자.

어느 작가든 서문과 맺음말에 공을 많이 들인다. 그래서 서문이나 맺음말을 꼼꼼히 읽는 것만으로도 책이 담고 있는 핵심 내용을 제대로 파악할 수 있다. 서문을 통해 책 전체 그림을 머릿속에 넣고 읽는 일은 마치 여행지에서 지도를 갖고 여행을 하는 것에 비유할 수 있다. 서문이나 맺음말을 읽으면서 저자가 어떤 주장을 펴고 싶은지 그리고 그 주장의 핵심 메시지는 무엇인지를 정확하게 정리하고 난 다음 책 읽기를 본격적으로 시작할 필요가 있다.

그다음에 읽어야 할 부분은 차례다. 차례를 보면 어떤 부분을 집중적으로 읽어야 할지 대략 감 잡을 수 있다. 물론 처음부터 끝까지 모든 내용을 꼼꼼히 읽는 방법도 괜찮다. 하지만 시간 대비 성과라는 측면에서 보면 차례에서 반드시 읽어야 할 내용을 먼저 챙겨보는 일이 훨씬 효과적이다. 전쟁에 비유하면 승리를 위해 중요한 지점을 먼저 확보한다는 점에서 '교두보 확보 전략'이란 이름을 붙이고 싶다. 처음부터 끝까지 정독하면서 읽을 만한 책인지 아니면 중요 부분을 읽는 데서 그쳐야 할 책인지를 스스로 판단할 수 있을 것이다.

또한 나는 책을 읽을 때 가능한 흔적을 많이 남기라고 권하고 싶다.

전자책이라면 책 위에 흔적을 남기는 방법이 있는지 모르겠지만 종이책이라면 붉은색을 사용해서 중요한 내용에 줄을 긋기도 하고 주요 내용을 구분해서 별표를 해두는 것이 좋다. 같은 내용을 읽더라도 붉은색 등으로 표시해두면 두뇌 속에 강하게 각인시키는 효과가 있기 때문이다. 또한 다음에 여러분이 필요한 정보를 구할 때 쉽게 찾을 수도 있다. 모서리를 접는 방법도 주요 부분을 표시해두는 효과적인 방법 가운데 속한다.

## 책 읽기의 백미는
## 그것의 활용

내가 자주 사용하는 두 가지 방법을 꼭 인지하고 실천해보길 권한다. 하나는 결정적 정보라고 생각하는 내용을 만나면 반드시 확실한 표시를 해두는 것이다. 나는 포스트잇을 주로 사용한다. 초소형 포스트잇을 사용해서 중요한 부분을 언제나 쉽게 찾아낼 수 있도록 표시해두는 것이다.

다른 하나는 책의 맨 앞부분의 밝은 여백 위에 참고 사항 즉 인덱스를 만들어두는 방법이다. 독서 시간을 지체하지 않도록 번호, 주요 내용, 페이지를 간단하게 정리해두면 된다. 특히 주요 내용은 문장이 아니라 단어만으로도 충분하다. '혁신(p. 20)'이란 기록을 남겨두는 것만으로도 훗날 그 내용을 활용하는 데 크게 도움을 얻을 수 있다.

책의 앞부분에는 한두 장의 흰 여백이 들어가 있고 어떤 책이라 하더라도 두 장 즉 4면을 넘을 정도로 인덱스가 만들어지는 경우는 거의 없다고 보면 된다. 따라서 이것은 책을 읽고 난 다음 아무 생각이 나지 않는다고 불평하는 독자들에게 꼭 권하고 싶은 방법이다.

사실 책의 내용을 일일이 기억할 필요는 없다. 학창시절이라면 시험이 중요하기 때문에 일일이 그 내용을 기억해야 하지만 사회생활을 하면서는 내용을 세세히 기억하는 일이 중요하지 않다. 읽은 내용을 어떻게 활용하느냐는 점이 더욱 중요하다. 이때 활용을 돕는다는 점에서 포스트잇을 붙여두는 방법이나 인덱스를 만드는 방법은 효과적이다. 전자는 주로 당장 시급하게 활용할 수 있는 결정적인 정보나 사례에, 후자는 중요하므로 언젠가 활용 가능한 정보에 사용해서 정리해두면 좋다.

이 같은 독서법에 대한 더 구체적인 방법은 내가 쓴《실용독서의 기술》(21세기북스)을 참조하면 더 보완할 수 있을 것이다. 거듭 이야기하지만, 책 읽기의 백미는 읽은 내용을 활용하는 일이다. 두뇌는 무엇인가 남는 일을 좋아한다. 그러니까 한두 시간을 투자한 다음에 그냥 '잘 읽었다'고 생각하기보다는 읽은 내용을 직접 활용해서 자신에게 유익한 가치를 만들어낼 수 있을 때 책 읽기를 의무감이 아니라 흥미로운 과정으로 받아들이게 된다.

읽은 내용을 가지고 앞에서 이야기한 바와 같이 가벼운 글쓰기의 소재로 삼아보는 것은 실로 멋진 일이다. 그런데 특별한 노력을 요구하는 독서가 있다. 고전 읽기는 그냥 정독이 아니라 초超 정독 혹은 초超 집중 독서를 요구한다. 나도 고전을 읽을 때 집중해서 여러 번 읽어야만 의미가 파악이 되고 조금씩 전진할 수 있다. 그때 내 머리가 확장되어가고 있다는 감각을 느끼곤 하는데 자주 고통과 쾌락이 교차한다. 책 읽기 중에서 가장 '터프'한 읽기가 고전 읽기다.

# 03

# 삶의 변별력을 키우는
# '신문이나 잡지 읽기'

## 확실한 세상 공부
## '신문 읽기'

세상은 시시각각으로 변화하고 있다. 세상 변화를 유심히 지켜보는 사람에게 지겨움은 끼어들 여지가 없다. 매일매일은 항상 새로운 사건이나 현상들로 가득 차 있기 때문이다. 지금 내 주변에서 어떤 일들이 일어나고 있는지, 사람들이 어떤 것들에 관심을 두는지, 그런 변화들이 내가 하는 일뿐만 아니라 조직과 사회에 어떤 영향을 미치게 될지 관심을 가지는 것은 흥미로운 일이다.

그런 정보를 제공하는 유력한 매체는 역시 신문과 잡지다. 나는 신문 읽기를 좋아한다. 신문이나 잡지를 읽고 새로운 정보를 입수하는 일은 빼놓을 수 없는 공부법이다. 이제껏 그래 왔듯이 당분간 몇몇 종이신문에 대한 의존도는 줄어들 기미가 보이지 않는다. 다만 읽고 난 다음 종이신문이나 잡지를 처리해야 하는 불편함이 점점 부담감으로 다가오기 때문에 멀지 않은 장래에 종이신문이 전자신문 형태로 대체될 가능성에도 문을 열어두고 있다.

그러나 신문사가 종이신문을 발간하지 않는 최후의 순간까지 종이신문에 대한 나의 사랑은 변함이 없을 것으로 본다. 종이신문은 짧은 시간 안에 전체를 파악할 수 있는 장점이 있기 때문에 여전히 시간 대비 효율이란 면에서 뛰어난 매체다. 나는 신문이든 잡지든 간에 주목할 만한 기사를 만나게 되면 반드시 오려서 보관해둔다. 아침 녘에 신문을 읽어볼 시간이 없다면 몇몇 신문은 가방 속에 넣고 다니면서 가능한 처음부터 끝까지 훑어본다.

주요 기사는 오려서 보관하고 나머지 부분은 버린다. 이렇게 오려낸 기사 모음은 이동하면서 잠시 짬을 내서 한 번 더 읽어보기도 한다. 그리고 연구실 한쪽에는 오려낸 기사들을 모아둔 작은 상자가 하나 있다. 분류 체계는 없고 일단 내 눈을 통과한 기사 가운데서 주목받은 기사들은 모두 오려서 보관해둔다. 이런 기사들이 앞에서 이미 설명한 가벼운 글쓰기의 중요한 소재가 된다. 물론 모든 기사가 가벼운 글쓰기의 소재가 될 수는 없지만 제법 많은 기사가 글쓰기의 소재로 사용된다.

종이신문 읽기는 기사에 대해 내 나름대로 생각을 정리해보는 기회가 되기도 하고 특정 현상이나 정책에 대한 이해도를 높이는 공부법이기도 하다. 그리고 또 다른 신문 대상은 일하는 중에 짬을 내서 읽어보는 온라인상의 신문 사이트들이다. 꽤 괜찮은 기사를 만나게 되면 메모지에 기사 출처를 메모해두었다가 그날이나 아니면 하루이틀 사이에 가벼운 글쓰기의 소재로 삼기도 한다. 특별히 외신을 소개한 기사들 가운데서 인상적인 부분을 만나게 되면 구글을 이용해서 기사 원문을 찾아보고 꼼꼼히 읽어볼 때도 있다. 이런 방법은 그야말로 확실한 공부법이다.

## 정보 입력의
## 강력한 기제들

신문이나 잡지는 책이 제공할 수 없는 따끈따끈한 정보를 제공하기 때문에 중요한 정보 확보 수단이다. 그런데 시간이 갈수록 잡지가 설 자리가 좁아지는 것처럼 보인다. 이유는 신문이 가진 정보의 즉시성과 책이 제공하는 정보의 깊이 사이에서 뚜렷한 차별화가 쉽지 않기 때문일 것이다.

나도 정보 확보 수단으로 잡지를 활용하는 비중이 신문에 비해 크게 떨어지고 있다. 최근에 내가 자주 활용하는 방법 가운데 하나는 RSS(Really Simple Syndication)이다. 이를 사용하는 자세한 방법은 내가 쓴 《모바일혁명》(21세기북스)에 상세하게 설명되어 있다.

RSS가 최신 정보들을 실시간으로 입수하는 방법으로는 최고라고 생각한다. 내가 즐겨 찾는 신문이나 잡지 그리고 블로그 및 주요 연구소들로부터 최신 정보를 실시간으로 공급받을 수 있는 세상을 예전에는 기대나 할 수 있었겠는가? 이런 정보들을 스마트폰이나 태블릿 PC 등과 동기화해 두면 언제 어디서나 그런 새로운 정보들을 입수할 수 있으니 정말 대단한 세상이라고밖에 할 수 없다.

구글의 RSS 리더기(http://www.google.com.reader) 기능을 제대로 활용하기만 하더라도 체계적인 최신 정보 수집 시스템을 보유하는 셈이다. 그런데 이메일 기능을 통해 매일 도착하는 정보들 가운데 아주 긴요하게 사용할 만한 것을 빼고는 모두 제거해버리는 것이 좋다. 그렇지 않으면 아마 며칠 가지 않아 정보의 홍수 속에서 허우적거리는 자신을 발견하게 될 것이다.

이메일에 간단한 파일 하나 정도를 만들어둔다면 요긴하게 사용할 수 있는 정보들을 차근차근 보관해서 사용할 수 있을 것이다. 그리고 가끔 약간의 시간을 투자해 전체 정보를 복습해볼 기회를 갖는다면 이런 활동 역시 단편적인 정보를 파악하는 데 그치지 않고 전체적인 경향 변화를 전망하는 능력을 키우는 데 도움이 될 것이다.

나는 신문이나 잡지를 통해 얻은 정보들이 단순히 한 번 보고 마는 수준에 그치지 않도록 하기 위해 가벼운 글쓰기를 도구로 한다.


## 즐겁고 유쾌한 삶을 위한
## '정보'를 구하라

나의 글쓰기는 자기 경영과 관련된 개인 문제에서부터 기업과 같은 조직 그리고 정치, 사회, 경제 문제와 같은 사회적인 문제에 이르기까지 비교적 다루는 범위가 넓다. 따라서 각각의 다양한 분야에서 어떤 일들이 일어나고 있는지 그리고 그런 일들이 어떤 문제를 발생시키고 있는지를 제대로 이해하고 있어야 한다.

작가뿐만 아니라 강연자에게도 온오프라인을 가리지 않고 다양한 매체를 통해서 그런 정보들을 입수하는 일은 매우 중요하다. 예를 들어, 오전에 어떤 강연이 있다고 가정해보자. 그 강연을 효과적으로 시작하는 방법 가운데 하나는 최신 정보를 활용하는 일이다. 따라서 어제나 오늘 아침에 본 따끈따끈한 정보는 강연이나 지금 준비하는 책의 원재료로 활용할 수 있다. 이런 실용성 이외에도 다양한 분야의 정보를 입수하는 일은 그 자체만으로도 가치가 있다.

다시 말하면 모든 정보는 주로 변화와 관련되었다. 그런 정보들은 실용적인 기여 외에도 동기부여라는 장점을 가져다주기도 한다. 자신이 새롭게 접한 정보가 어떤 기업의 부침과 관련된 정보거나 잘못된 선택으로 곤욕을 치르는 기업 사례라면 얼마든지 해석해볼 여지가 있다. 모든 정보를 변화에 대한 당위 혹은 필연성 등으로 재해석한다면 '내가 이 시점에서 어떻게 살아야 하는가'에 대한 나름의 생각을 한 번 더 다질 수 있다.

우리는 모두 매일매일 적절한 자극이 필요하다. 동기부여라는 것은 한 번 하고 마는 것이 아니라 지속해서 이루어질 필요가 있기 때문이다. 우리 삶은 일정한 패턴으로 돌아가게 되어 있다. 특별한 노력을 기울이지 않는다면 생활은 자칫 매너리즘에 빠질 수 있다. 나는 재미가 없다는 이야기를 무척 두려워한다.

여러분도 마찬가지일 것이다. 여러분의 일이나 생활이 재미가 없다면 위기 상황으로 이해해야 한다. 그런 상태에 도달하기 전에 생활 자체를 재미있게 만드는 방법이 없을까? 단연코 추천할 만한 방법이 바로 새로운 정보를 접하는 일이다. 새로운 정보는 곧바로 새로움을 뜻하기 때문이다. 오늘날과 같이 정보 시대에는 자신이 익숙하지 않은 분야의 새로운 정보를 많이 접하는 것만으로도 큰 자극이 된다.

나는 이 글을 쓰고 있을 무렵 한 신문에서 구글이 스트리트 뷰 서비스를 미술관까지 확장시킨 '아트 프로젝트(www.googleartproject.com)'를 선보였다는 기사를 접했다. 메트로폴리탄 등 세계 17개 미술관과 박물관의 내부를 실제 가서 보는 것처럼 가상체험을 할 수 있다는 그런 기사였다. 당연히 나는 그 내용이 실린 신문을 보관해두었고 그날 저녁에 직접 구글을 방문해서 그 서비스를 확인했다. 놀라움 그 자체라 해도 과언이 아니다. 이런 귀한 정보원들은 당연히 즐겨찾기나 RSS 등에 포함시켜둔다.

내가 입버릇처럼 하는 이야기가 있다. 자신만 노력한다면 오늘날처럼 즐겁고 유쾌한 시대가 어디 있겠는가 말이다. 정보를 단순히 확인하는 것에 그치지 않고 논평하는 일은 다른 특별한 효과를 낳게 된다. 정보를 한 번 더 조망하게 되면 변화에 대한 경향을 전망하는 능력을 업그레이드하는 데 큰 도움이 된다. 하나하나의 점과 같은 상태의 정보들이 일정한 선으로 연결되는 것처럼 앞으로 어떤 일들이 일어날지에 대한 나름의 통찰력을 키우는 데는 이처럼 정보를 일정한 시점에 다시 한 번 확인해보는 일이 필요하다.

## 수학을 풀듯
## 정보를 꿰차라

언젠가는 종이신문이 쇠락할 날이 있을 것이다. 그럼에도 아직은 종이신문을 제대로 활용하는 일이 중요하다. 화면을 이리저리 옮기지 않고도 활짝 펼친 한 면에서 전체 정보를 파악할 수 있기 때문이다. 시간이 없다면 전체를 꼼꼼히 읽을 필요는 없다. 다만 중요한 정보라고 생각하면 굵은 펜으로 동그라미와 같은 간단한 마크를 해두면 아주 유용하다.

한 번 더 확인할 만큼 가치가 있는 정보라면 종이신문은 오리거나 찢어서 보관해둘 필요가 있다. 그렇게 오려낸 정보는 하루나 이틀 정도 여러분이 출퇴근 시간에 가방에 넣고 다닐 수 있다. 시간이 날 때 꼼꼼하게 읽어볼 수 있다면 좋을 것이다. 설령 읽지 않더라도 하루나 이틀 정도 시간이 지나고 나면 집안 한곳에 있는 작은 상자 안에 모아두면 좋다.

나는 이처럼 주목받을 만한 정보를 모으는 상자에 '정보보관함'이란 이름을 붙이고 싶다. 차곡차곡 별다른 형식 없이 정보를 모아두기만 하면 된다. 한 달에 한두 번 정도 주말에 시간을 내서 모은 정보들을 복습하는 시간을 가지면 좋다. 전체적인 추세를 파악하고 앞을 내다보는 능력을 키우는 데 도움을 얻을 수 있을 것이다.

그렇게 모은 유용한 정보를 어떻게 활용할 것인가는 자신이 일하는 직종에 따라 다를 것이다. 나는 종이신문으로 입수한 정보나 온라인으로 입수한 정보를 두 가지 종류로 나눈다.

하나는 한 번 정도 꼼꼼히 읽는 것에 그치는 정보가 있다. 주의를 기울여서 읽는 것만으로 정보를 입력하는 활동을 수행하게 된다. 그런데 주목한 정보 가운데서 중요도가 높은 경우는 주의 깊게 읽는 것 이상의 조처를 한다. 메모지에 중요 정보의 주요 내용, 이를테면 통계자료 등을 적어보는 방법이 그 한 예가 될 수 있다.

또한 내가 자주 사용하는 방법처럼 글쓰기의 중요한 소재로 활용하는 정보가 다른 한 가지다. 나는 특정 기사를 가벼운 글쓰기의 소재로 삼음으로써 그것을 충분히 공부하는 기회로 삼곤 한다. 내가 주목한 기사를 중심으로 검색 기능을 이용해서 관련 기사를 함께 훑어보게 됨으로써 그 주제에 대한 전후 정보들을 한꺼번에 모두 보게 된다.

그런데 가벼운 글쓰기라고 해서 아무나 할 수 있는 것이 아니다. 일반인들은 특정 주제에 주목하게 되었을 때 그 주제에 대한 기사를 중심으로 한꺼번에 관련 기사나 의견들을 읽어보는 것만으로도 효과가 있다. 마치 아이들이 수학 문제를 하나둘 풀면서 실력을 쌓듯이 일반인들 역시 자신의 관심을 끄는 특정 주제에 관련된 정보들을 한꺼번에 읽어봄으로써 나름의 의견이 생기는 것이다.

예를 들어, 무상급식에 대한 사회적인 논쟁이 확산된다면 여러분은 호기심을 가질 것이다. 대체 어떤 의견이 더 나을까? 그런 호기심을 그냥 호기심으로 미뤄두지 말고 시간을 잠시 내서 그 주제에 대한 실상을 읽어본 다음에 대표적인 찬성과 반대 의견을 읽어보는 방법도 권할 만하다.

한편 국외 면과 관련된 기사는 한글로 된 신문에서는 짧게 다루어진다. 좋은 공부법 가운데 하나는 여러분의 흥미를 끄는 기사라면 정보원을 확보해서 구글에서 검색해보는 것이다. 한국 신문에서 다루어질 정도라면 대부분 비중 있는 기사일 가능성이 높다. 구글 검색을 통해서 원문 기사 등을 확보할 수 있다. 이때 영어가 모국어가 아닌 사람들이라면 한글을 읽는 것에 비해서 제법 긴 시간을 투자해야 한다. 그야말로 제대로 된 공부를 하게 되는 셈이다. 이 또한 내가 자주 활용하는 방법 가운데 하나다.


• •

## 삶은 내가 취한 문장을
## 닮아간다


신문이나 잡지에서는 주로 시사적인 정보들을 얻는다. 그러나 뜻밖에 정서적인 부분과 관련된 정보들도 무시할 수 없다. 하지만 우리가 특정 분야에서 한 획을 긋는 데 성공한 사람들을 직접 만날 기회는 거의 없다. 그런데 신문이나 잡지를 통하면 성공한 사람들로부터 교훈이나 실용적인 팁을 많이 얻을 수 있다.

나는 사람 이야기를 무척 좋아한다. 그런 이야기 가운데 짧은 시간 안에 손쉽게 얻을 수 있는 것은 특정 인물에 대한 인터뷰라 할 수 있다. 실력 있는 기자가 행한 심층 인터뷰라면 책에 못지않을 정도로 감동과 영감을 주게 된다. 기사를 작성하는 사람으로서 인터뷰 내용 가운데 압권에 해당하는 문장들을 재정리했기 때문이다. 그만큼 축약된 형식 안에 핵심이 들어 있다.

모든 인터뷰 말미에는 인터뷰에 응한 사람의 삶의 성취를 압축하는 문장들이 흔히 등장하게 된다. 이런 문장들을 가슴으로 받아들이고 메모해두자. 나중에 그 문장들을 장소와 분위기에 맞게 활용한다면 여러분 자신의 것으로 만들 수 있을 뿐만 아니라 문장을 닮아가는 삶을 만들 수 있다.

결국 신문이나 잡지 읽기의 핵심은 정보로 차고 넘치는 세상에서 어떤 정보에 주의를 집중할 것인가, 그렇게 입수한 정보에 어느 정도의 주의력을 둘 것인가, 주의력을 강화하기 위해서 어떤 방법을 사용할 것인가, 이 3가지 점이라 하겠다. 어떤 정보에 주의를 기울일 것이냐는 질문은 무엇을 추구하는 삶을 살아갈 것이냐는 질문과 맞물려 있다.

직업인으로 지향하는 바가 명확하게 서 있으면 그만큼 구하는 정보도 상대적으로 더 분명해지게 된다. 그런 점에서 오늘날처럼 온갖 정보들로 차고 넘치는 시대에는 정보 변별력이 그 어느 때보다 중요하다고 본다. 그뿐만 아니라 여러분의 시간과 주의력을 지나칠 정도로 탐하는 오락이 범람하는 시대이기 때문에 주의를 기울일 필요가 있다. 반드시 나만의 정보 입수 방법을 갖고 있어야 한다.

# 최고의 몰입을 유도하는
# '생각하면서 일하기'

## 탁월함과 완벽함을
## 향한 도전

나는 직장생활 초년이나 20년이 훌쩍 지난 지금이나 일을 대하는 태도와 마음가짐에 별로 차이가 없다. 일하는 것이 곧 공부라고 생각한다. 일은 가장 생생한 공부법이다. 게다가 우리 인생에서 일하면서 보내는 시간은 압도적인 비중을 차지하고 있다. 따라서 일하는 것은 공부법 가운데서도 특별히 중요하다고 생각한다.

나는 일단 일과 관련된 것은 열심히 하는 편이다. 그것도 아주 열심히 하는 편이다. 내가 일에 대해 갖는 믿음은 간단한 한 문장으로 표현할 수 있다. 즉 '집착의 대상은 두 가지도 많다'는 것이다. 이런 활동 저런 활동에 에너지와 시간을 분산시키기보다는 자신이 하는 일에 최고의 몰입도와 집중도를 유지할 수 있을 때만이 직업인으로 성공할 가능성이 높다고 생각한다. 나는 이런 간단한 가설을 받아들이는 것이 선택이 아니라 필수라고 생각한다.

나는 나 자신의 일에 투입하는 절대 시간이 높다. 우리가 사회생활을 해나가다 보면 이런저런 일들을 동시에 처리해야 할 때가 잦다. 그때 나는 내가 하는 일에 우선순위를 둔다. 때로는 예외적인 경우도 있지만, 대부분은 일이 우선이다. 직장생활 초년이나 장년의 나이가 된 지금이나 변화가 없다. 일에 대한 관점도 명확하다. 나는 일을 탁월함과 완벽함을 향한 문제 해결 과정으로 생각하고 있다.

이왕 해야 하는 일이라면 내가 할 수 있는 한 최고로 잘하자는 것이다. 나는 크고 작은 일을 해나갈 때마다 '더 잘할 수 있는 방법은 없을까?'라는 질문을 수시로 던지고 해답을 열심히 찾는다. 두뇌란 본래 집요하게 반복적으로 던지는 질문에 답을 준다고 생각하기 때문이다.

열심히 일하다 보면 하나의 연결고리가 만들어짐을 느낄 수 있다. 처음에는 일을 재미보다는 의무감에 더 큰 비중을 두고 했다. 하지만 일을 열심히 하면서 더 나은 방법을 찾다 보면 일은 단순히 일이 아니라 즐거움과 유쾌함의 원천이 된다. 나는 지금 이 글을 새벽녘에 쓰고 있다. 책쓰기는 내가 수행해야 할 일이기도 하지만 또 다른 면에서는 취미나 스포츠 게임과 같은 것이기도 하다. 지금은 그런 생각이 더 확고하게 자리를 잡았다. 물론 사회생활 초년에도 크게 다르지 않았다고 본다.

예를 들어, 국외에서 학자를 초청해서 어떤 국제 콘퍼런스를 행하는 모임을 책임지는 위치에 있었을 때도 일을 대하는 태도는 책을 쓰는 일과 별반 다를 바가 없었다. 그냥 대충 설렁설렁하는 법이 없다. 회의장 배치에서부터 의전에 이르기까지 하나하나 꼼꼼히 챙기고 더 잘할 수 있는 방법을 찾아서 실천하곤 했다.

동료가 나에게 "대충 해도 되는데, 왜 그렇게 철두철미하게 하지?"라고 물어도 귀담아듣지 않았다. 대충대충은 내가 일을 대하는 방식이 아니기 때문이다. 사실 나는 그런 국제 콘퍼런스라는 행사조차 학습한다는 차원에서 접근하고 있었던 것이다. 그렇게 하는 데는 모든 일을 독립된 하나의 프로젝트로 생각하고 이 프로젝트에서 최고의 성과를 만들어내기 위해 애써야만 한다는 시각이 분명하기 때문일 것이다.

• •

## '더 잘함'을 향한
## 끊임없는 노력

항상 생각하면서 일한다는 것은 늘 어제보다 오늘, 오늘보다 내일 더 나은 방법을 찾는 것을 뜻한다. 업무 성과 면에서도 도움을 주지만 삶에 새로움을 더하고 즐거움을 더하는 행위이기도 하다. 내가 말하는 '생각하면서 일을 한다는 것'은 모든 일을 반복적으로 행하는 것이 아니라 하나하나를 가능한 독립된 프로젝트로 접근한다는 것이다. 그리고 각각의 프로젝트를 하나의 덩어리로 접근하는 것이 아니라 이를 가능한 분리 해서 접근한다는 것이다.

앞에서 이미 공부 시스템을 세부적인 프로세스의 조합으로 접근해야 한다고 이야기한 바 있다. 일을 세부적인 프로세스들의 조합으로 받아들이면 늘 반복되듯 행해야 하는 일도 새롭게 다가온다. 항상 개선해야 하고 항상 혁신해야 할 것들이 늘 대기 상태에 있는 것이다. 일은 무엇보다도 재미가 있어야 한다. 그 재미라는 것은 거저 주어지는 것이 아니라 재미를 만들어내는 나름의 방법을 갖고 실행에 옮길 때만이 만들어낼 수 있다.

그렇다면 어떻게 재미를 만들어내야 할까? 우선, 무슨 일을 하든 개선해서 더 나은 방법을 찾아 실행에 옮기는 것이다. 이런 태도는 처음에는 미숙한 상태로 출발하지만 반복되다 보면 습관을 넘어서 한 인간의 습성으로 자리 잡게 된다. 항상 더 잘하는 방법을 찾는 사람들은 늘 자신의 일에 새로움을 더하는 사람이라고 보면 된다.

그런데 또 하나의 놀라운 사실이 있다. 더 잘하려는 노력에는 자신의 업무를 향상시킬 수 있는 방법이나 수단 그리고 아이디어 등을 끌어당기는 힘이 있다는 것이다. 그냥 무심코 넘길 수 있었던 주변의 온갖 것들이 마치 자석에 끌려오는 철로 만든 쇠처럼 잘할 수 있는 원재료가 되어 다가온다는 점이다.

나는 일을 할 때 하나의 특별한 습관을 갖고 있다. 일을 열심히 하는 자신을 또 다른 자신과 분리해서 객관적으로 자주 관찰하는 것이다. 일종의 '자기관찰'이라 부르는 방법이다. 이 방법이 뜻밖에 좋은 결실을 낳는다고 생각한다. 자신과 또 다른 자신을 자주 분리할 수 있다면 일하는 자신을 객관적으로 바라볼 수 있고 그 객관성 덕분에 더 나은 해법을 찾아낼 수 있다. 때로는 자신을 객관적으로 냉철하게 바라볼 수 있다면 그만큼 주관적인 애정 때문에 놓치기 쉬운 약점을 찾아낼 수도 있다.

## 뿌리 깊은 삶을 위해
## '생각하라'

　　　　직업인으로서의 가능성 혹은 역량을 키우는 데 '생각하면서 일하기'는 결정적인 역할을 한다. 그 자체가 일하는 사람의 업무와 관련된 영역에서 두뇌 속의 시냅스 구조를 변화시키는 과정을 진행하는 것으로 이해할 수 있다. 머리는 쓰면 쓸수록 더 나은 역량을 갖추기 위한 구조를 가진다. 앞에서 이야기한 플랫폼을 정교하게 만들어가는 과정으로 이해할 수 있다.

　생각하면서 일하기가 줄 수 있는 또 하나의 성과는 일이 더 재미있어진다는 점이다. 자신의 직업세계에서 오래도록 남아 있기를 원하는 사람이라면 고민해야 할 과제다. 재미있게 일할 수 있다면 일은 일 자체로 끝나는 것이 아니라 하나의 취미로도 자리를 잡을 수 있다. 사실 직업인으로 어느 경지에 도달하기를 소망하는 사람이라면 남들이 하는 만큼 일하는 수준에 머물러서는 원하는 성과를 얻을 수 없다. 남들과 확실히 차이가 날 수 있어야 한다.

　그 차이점 가운데 강력한 것이 바로 재미와 흥미다. 의무감이나 책임감에서 나오는 열심과 이를 넘어서 재미와 흥미에서 나오는 열심은 질과 양에서 모두 다르다. '엄청난'이란 꾸밈말을 사용하더라도 결코 손색이 없을 정도로 몰입을 만들어내는 일이 바로 재미와 흥미라고 생각한다. 조직이나 사회가 역사를 만들어가는 것처럼 개개인도 자신만의 역사 혹은 좁은 의미의 이야기를 만들어간다. 남들이 감히 할 수 없는 기록을 만들어가는 일은 야망이 있는 사람이라면 반드시 해내고 싶어 하는 일이다.

그때는 이런 일을 해냈고 저때는 저런 일을 해냈다는 식으로 자신만의 특별한 기록을 만들어갈 수 있어야 한다. 이런 일들이 차곡차곡 쌓여가면서 세상의 평가가 아니라 자신에 대한 나름의 평가를 하게 된다. 여기서 만들어지는 귀한 자산이 자긍심과 자신감이다. 이런 무형의 자산은 그냥 남들이 하는 것만큼 습관적, 기계적으로 일해서 얻을 수 있는 것이 결코 아니다. 계속해서 더 잘하기 위해 생각하면서 일해나갈 때만 얻을 수 있는 결과다.

특히 생각하면서 일하기는 오늘날 유행하는 'PB(Personal Brand)'의 형성에도 큰 도움을 준다. 개인 브랜드는 '그 사람 하면 확실히 떠오르는 이미지'를 뜻한다. 공병호라고 하면 '그 사람은 이런저런 사람이다'는 이미지를 만들어낼 수 있는 상태를 개인브랜드 소유의 여부로 판별할 수 있다. 개인 브랜드는 흔히 이야기하는 것처럼 테크닉이 아니라 성취한 기록의 문제라고 생각한다.

한 사람이 직업인의 길을 걷는 동안 굽이굽이마다 누구도 범접하기 어려운 기록을 만들어왔다면, 그리고 그 기록 중 신화에 가까운 수치가 포함되어 있다면 자연스럽게 그 사람은 개인 브랜드를 갖는 데 성공한 것이다.

물론 조직 내부에서 브랜드를 갖추면서 사회적으로 의미가 있으려면 더욱 어려운 일이긴 하지만 말이다. 그럼에도 조직 관점에서든 사회 관점에서든 '그 사람은 무엇 무엇을 성취해낸 사람이다'라는 이미지나 인상을 타인들에게 심어줄 수 있어야 한다. 그런 면에서 보면 생각하면서 일하기는 확실히 개인 브랜드 형성에도 큰 역할을 한다.

우리는 모두 뿌리 깊은 삶을 살아가길 원한다. 세파에 크게 흔들리지 않고 자신만의 특별한 입지를 굳힌 다음 뚜벅뚜벅 자신의 길을 걸어가길 원한다. 우리는 정체성이 확고한 사람들을 볼 때 뿌리 깊은 나무를 떠올린다. 그리고 그들은 세상에 예상치 못한 위기가 왔을 때도 흔들림 없이 자신의 길을 걸어가는 것을 볼 수 있다.

이따금 우리를 불청객처럼 찾아오는 정체성 위기의 원인은 여러 가지가 있을 것이다. 기본적인 정체성 위기는 우리가 모두 가장 많은 시간을 투입하는 일에서부터 발생하게 된다. 남과 다름의 출발점은 외모나 패션이 아니라 일에 있다. 어떻게 남과 다르게 일할 것인가? 이는 우리에게 굳건한 정체성의 기반을 제공하는 일이다. 그 실마리는 생각하면서 일하기에 숨어 있다.


## 재미있게
## 최고로 일하라

어떻게 '생각하면서 일하기'를 이용하면 좋을까? 우선은 세상 사람들이 일에 대해 가진 일반적인 통념에 맞서 자신만의 직업관을 명확히 하는 일이 필요하다. 우리 모두 생계를 위해 일하는 것은 분명하다. 하지만 그 이상의 의미를 일에 부여할 수 있다면 완전히 일을 새롭게 대할 수 있다. 일을 단순히 일이 아니라 더 나은 자신을 만들어가는 단련의 장으로 생각할 수 있다.

우리는 마치 레슬링 선수들이 매트 위에서 이런저런 훈련을 통해 자신의 기량을 향상하듯이 다양한 일을 처리해가면서 자신의 능력과 역량을 향상해야 한다. 그렇게 굳게 믿는다면 직업세계에서 경험하는 모든 일을 환영할 수 있을 것이다. 즉 아무리 사소한 일이더라도 쓸모없는 경험이란 없다고 보면 된다. 그런데 이 같은 주장은 직접 경험해보지 않은 사람으로서 지나치게 일을 미화하는 것이라고 오해할 수도 있다.

그러나 세월이 흐른 다음에 자신이 걸어온 길을 추적해보면 어떤 경험을 할 당시에는 정말 하잘것없고 왜 해야 하느냐고 불평할 수밖에 없었던 경험들이 훗날 소중한 경험이 되는 경우가 많다. 현재의 시점에서 익숙하지 않은 일을 하는 것은 불편하다. 하지만 그 시점을 확장해보면 더할 나위 없이 소중한 경험이 된다. 소중한 경험이었다는 깨달음은 세월이 어느 정도 흐른 다음에 얻게 되겠지만 말이다.

여러분이 해야 하는 일 가운데는 선택 가능한 것들도 있을 것이다. 사적인 약속이라면 다음으로 미루어도 되고 마음이 내키지 않으면 가지 않아도 된다. 그러나 일과 관련해선 대부분이 반드시 해내야 하는 것들이다. 의무 영역에 속하는 일들이 대부분을 차지한다. 나는 1년 중 주말에는 오랜 시간 동안 여러 번 강연해야 한다. 그것도 한두 시간에 걸치는 것이 아니라 무려 8시간 정도를 해야 한다. 정말 고된 일이다.

사람들은 다들 나에게 '당신은 자유롭게 일할 수 있어서 좋겠다'고 부러움을 표한다. 하지만 자유의 대가는 때론 가혹한 면이 있다. 겉으로 보기에 부럽기 짝이 없는 사람도 속내를 살펴보면 어려운 일이 있는 것이다. 한번은 어느 사장님을 만났더니 잠자기 직전에는 되도록 사업에 대해 생각하지 않는다고 한다. 일단 시작되기만 하면 새벽 2시, 3시에 이를 정도로 머릿속에 온갖 방법들이 떠올라서 잠을 설치기 일쑤이기 때문이란다. 그만큼 큰 조직을 운영하는 책임자는 주변 사람들로부터 부러움의 대상이 되기도 하지만 모든 결과의 최종 책임자이기 때문에 24시간 상시체제라고 부를 정도로 늘 신경을 써야 한다.

일은 의무감 반 그리고 책임감 반으로 채워진다. 이왕 해야 하는 일이라면 두 가지 방향으로 자신을 설득할 수 있다. 하나는 재미있게 하는 방법을 적극 찾아서 실천에 옮겨보는 일이다. 그다음에는 최고로 잘하려는 방법을 찾아서 실천에 옮겨보는 일이다. 두 가지 모두 처음에는 쉽지 않지만, 누구든지 그 중요성을 깨닫고 꾸준히 실천하면 자신의 것으로 만들 수 있는 습관이 된다.


• •

## 생각의 끝에서
## "한번 해봐!"


어떤 일이든 고쳐야 할 것들이 자꾸 눈에 보이게 된다. 부족한 것과 미흡한 것들이 눈길을 끌면서 '생각하면서 일하기'는 더욱 힘을 받게 된다. 공부란 부족한 것을 채워가는 과정이기 때문에 '이 부분이 부족하다'는 사실을 자신에게 계속해서 과제로 제시하는 방법이 있어야 한다. 그중 하나가 해야 할 일들을 잘라서 접근하는 것이다.

생각하면서 일하기는 문제 해결을 위한 아이디어 만들기와 관련이 깊다. 일을 더 잘하기 위해서는 기존의 방법보다 뛰어난 방법들을 찾아내거나 새로운 기회들을 만들어내야 한다. 어떻게 하면 새로운 방법과 기회들을 찾아낼 수 있을까? 그동안의 경험으로 미루어보면 모든 새로운 아이디어들은 아이디어의 충돌과 조합 과정에서 만들어지게 된다.

여러분이 현재의 프로젝트를 더 잘하는 방법을 찾는다는 것은 다른 분야의 많은 아이디어를 끌어당길 수 있어야 함을 뜻한다. 다른 분야에서 성공적인 사례들로부터 기꺼이 배우려는 자세와 마음가짐을 갖고 있을 때 자기 분야에서 더 잘하는 방법을 찾아낼 수 있다. 다른 분야와 내 분야는 별로 관련이 없다는 편견만 버릴 수 있다면 모든 분야가 새로운 아이디어를 제시하는 공급원이 될 수 있음을 깨우치게 될 것이다. 한마디로 세상이 거대한 학습 장소로 바뀌게 된다. 당장 현안 과제를 해결하기 위해서도 이런 자세와 마음가짐을 갖는 일이 필요하다. 그뿐 아니라 평소에도 그렇게 산다면 언제나 새로운 아이디어를 제시할 수 있는 전천후 창조자가 될 수 있을 것이다.

생각하면서 일하기는 생각이란 단어에서부터 출발한다. 하지만 궁극적으로는 결실을 만들어내는 것이다. 그래서 그냥 잘 아는 것으로 충분하지 않다. 아는 것은 반드시 결실을 낳기 위한 필요충분조건이 있는 행동으로 연결되어야 한다. 새로 익힌 것이나 새로 발견한 아이디어가 있다면 곧바로 실행에 옮겨야 한다.

물론 위험을 크게 감당해야 한다면 신중에 신중을 더해야 할 일이지만 한번 해보는 것으로 큰 위험 부담이 따르지 않는다면 가능한 한 자주 실행에 옮겨보아야 한다. '한번 해봐'라는 구호는 진정 앎을 가치로 만들어내는 과정에서 필수적이다. 그래서 생각하면서 일하기는 실행 없이는 생각할 수 없다. 물론 실행과정에서 헛발질에 해당하는 일도 꽤 나올 것이다. 때로는 헛된 노력도 불가피하다. 하지만 계속해서 생각하면서 일하기 방법을 통해 익힌 것들을 실천에 옮겨보는 일은 매우 중요하다.

세상 모든 성취는 시도하기 전에는 별것 아닌 것처럼 보이던 작은 아이디어들이 실현되어 만들어진 결과임을 명심해야 할 것이다. 여러분이 공부법에 깊은 관심을 두고 있다면 일과 공부를 싱크로나이저(동조화)하는 것에 대해 깊은 관심을 두기를 바란다. 공부가 곧 일이고 일이 곧 공부이다.

# 05

# 삶의 매 순간을 자극하는
# '관찰하기'

## 적극적 감동을
## 입력하라

　　나는 모든 혁신과 창조는 작은 관찰로부터 시작된
다는 믿음을 갖고 있다. 얼마 전 시카고 출장길에서 일어났던 일이다.
나는 다운타운에 있는 호텔에 들어서자마자 로비 주변을 휙 둘러보았
다. 잠시 둘러보는 것만으로 어느 정도 감을 갖게 된다. 이때 감이란 이
제껏 방문했던 호텔이나 여러 조직의 로비와의 비교를 말한다. 그리고
어떤 특이한 점이 있는가를 순간적으로 파악하곤 한다.

　나의 예리한 관찰하기가 머문 곳은 엘리베이터 바로 앞에 놓인 투명
한 통이었다. 그 안에는 짙은 주홍색 물건들이 잔뜩 들어 있었다. 고객
들이 손쉽게 가져갈 수 있도록 이어플러그를 보관한 통이었다. 그 통에

는 이런 문장들이 적혀 있었다.

"바람의 도시(시카고)'에 오신 것을 환영합니다. 분주한 시카고 다운타운에서 여러분은 댁에서 경험하지 못한 소음을 들을 수도 있을 것입니다. 이 호텔은 비교적 소방서와 가까운 거리에 있는 탓에 소방서 활동으로 말미암아 소음이 발생할 가능성이 있습니다. 그래서 우리는 여러분의 평화로운 잠자리를 위해 이처럼 이어플러그를 제공하게 되었습니다. 만일에 여러분이 객실에서 필요할 때면 '0'번을 눌러서 요청하시기 바랍니다."

소음방지용 이어플러그를 얼마나 많은 사람이 사용하는지는 정확히 알 수 없다. 하지만 그렇게 배치한 것만으로 사람들에게 대단한 감동을 선사할 수 있다. 주변 관찰하기가 주는 전형적인 혜택 가운데 하나다.

모든 사람은 열린 눈을 통해서 세상을 보게 된다. 그런데 관찰하기가 가진 중요한 의미는 단순히 바라보는 것만을 뜻하지는 않는다. 그것은 달리 이야기하면 무심코 바라보기라는 말이 더 적합할 것이다. 관찰하기는 새로운 것이나 신기한 것 그리고 특이한 것을 찾아내는 적극적인 활동을 말한다. 당연히 관찰에는 관심과 주의가 더해진다.

관찰하기는 타인에게 부담을 주지 않고 아무런 티를 내지 않으면서 은밀히 배울 수 있는 강력한 방법 가운데 하나다. 나는 잠에서 깨어 있는 시간 가운데 집이나 연구실을 나서기 시작할 때부터는 마치 버튼을 '온on' 상태로 누른 것처럼 관찰하기를 본격적으로 시작한다. 국외 출장처럼 익숙하지 않은 장소에서도 새로운 것과 신기한 것을 많이 찾아낸다. 늘 다니는 익숙한 곳에서도 종종 정말 많은 것들을 찾아내곤 한다. 관찰하기에서 새로운 것을 만나게 되면 첫 번째 반응은 '와, 대단하다'

혹은 '와, 신기하다'는 표현이 무심코 입에서 나오는 것이다. 이런 반응을 보이는 순간 포착된 정보는 새로운 정보로 두뇌 속에 입력된다.

여기서 중요한 점은 그런 반응을 보이지 않으면 보이는 모든 것은 그저 흘러가는 일상 속의 한 부분일 뿐이라는 것이다. 여러 사람이 똑같은 사물을 보더라도 그 반응은 모두 다를 것이다. 아무리 새로운 것이라 하더라도 무심코 대하는 사람에겐 그저 그런 것에 불과하기 때문이다.


• •
## 자신을 뽐내고 있는
## 것들과의 만남

관찰하기가 가져다주는 가장 큰 선물은 기회나 아이디어 혹은 좋은 사례들을 포착할 수 있다는 점이다. 여러분이 좀처럼 생각하지 못했던 아이디어나 사례를 찾아낼 수 있는 것이 예리하게 관찰하기다. 세상은 수많은 사람의 경연장이다. 여러분 눈에 입력되는 모든 사례는 각자가 저마다의 분야에서 더 잘하려는 사람들이 빚어낸 성과들이다. 물론 그 성과들이 완벽하다거나 우수하다는 이야기는 아니다. 하지만 현재라는 시점을 기준으로 각자가 더 잘하려는 의지를 한껏 표현한 것이 현재 여러분이 보고 있는 것이다.

주변을 유심히 관찰하는 사람들이라면 타인들이 만들어낸 뛰어난 아이디어, 기회, 사례들을 만날 수 있다. 그런 뛰어난 것들과의 만남은 그저 보고 보이는 것에 그치지 않는다. 두뇌 속에 미묘한 변화를 일으킨다. 그런 것들을 보지 않았다면 일어나지 않았을 변화가 두뇌 속에서 일어나게 된다. 어떤 변화일까? 삶 속에서 우리가 귀한 사람을 만날 때 어떤 변화가 일어나는가를 생각해보면 된다.

좋은 사람을 만나면 본받고 싶어진다. 또한 그 사람처럼 되려면 어떻게 해야 할까를 자연스럽게 생각해보게 된다. 실천 능력이 뛰어난 사람들이라면 그 사람처럼 되기 위해 노력할 것이다. 아름다운 것, 좋은 것, 멋진 것, 대단한 것을 만나는 것은 그 자체가 만나는 사람들에게 말을 걸기도 하고, 자극을 주기도 하고, 만남을 바탕으로 새로운 것을 만들도록 영감을 주기도 한다.

이 글을 쓰기 바로 전날 나는 서울시립대에서 서울시 행정을 맡은 분들을 대상으로 강연할 기회가 있었다. 외곽고속도로가 생긴 다음에는 서울시를 우회해서 다니기 때문에 좀처럼 강북의 거리를 다닐 기회가 없었다. 그런데 그날은 광화문에서 출발해서 종로, 동대문, 신설동, 청량리 등을 거쳐 서울시립대가 위치한 전농동까지 차를 타고 이동했다. 오랜만에 주변을 찬찬히 둘러보면서 광화문부터 동대문에 이르기까지 주변 도로의 도시 간판 정비 사업을 보게 되었다. 나도 모르게 '참 아름답다'는 생각을 했다.

간판을 정비하는 것만으로도 저렇게 차이가 날 수 있다는 생각과 더불어서 이제까지 지방 강연에서 보았던 몇몇 사례들을 함께 생각해 보았다. 처음의 관찰은 누가 주도했을까? 간판을 교체하는 데 예산은 얼마나 투입했을까? 파급효과는 어떤 것일까? 이런 관찰이 낳은 파급효과가 바로 이처럼 책 쓰기에 사례로 인용하는 일이다. 나는 트위터에 바로 이런 메시지를 올렸다.

"종로통은 놀라울 정도로 아름다워졌네요. 오늘 서울시에 계신 분들을 모시고 강의를 했는데 6차선 이상은 서울시 소관이라네요. 동대문부터는 구시가지예요. 거리 정비는 서울시 업적입니다.”

트위터가 올라가자마자 한 트위터 친구는 “진보적인 분들께서 ‘업적’이란 단어에 불만을 토할 거예요”라고 답했다. 그래서 나는 그 트위터 친구의 말에 “초등학교 때 선생님께서 ‘참 잘했어요’라고 도장을 쾅하고 찍어주잖아요”라고 답하면서 웃고 넘어갔다. 그분의 예상대로 몇 분이 ‘업적’에 대한 애교 섞인 불만을 토로하기도 했다.


• •

## 관찰은 결과적으로
## 행복해지는 길

관찰하기가 안겨다줄 수 있는 또 다른 선물은 살아가는 소소한 재미다. 우리 삶은 사람마다 정도 차이는 있겠지만, 반복이 주를 이룬다. 생활이 늘 혁신적이고 새로울 수는 없지 않은가? 하지만 우리는 비용을 거의 들이지 않고 섬세하게 주변을 관찰하는 것만으로 하루하루에 새로움을 더할 수 있다.

새로운 것을 만나는 일은 작은 변화를 경험하는 일이다. 우리는 작은 변화를 경험하면 할수록 하루하루 가질 수 있는 행복의 총량을 증가시킬 수 있다.

우리가 살아가는 데 행복 자체를 목표로 삼을 수는 없다. 하지만 결과적으로 우리는 모두 행복한 삶을 원한다. 그렇다면 비용을 들이지 않고 큰 노력 없이 수시로 행복할 수 있는 방법은 무엇일까? 일상의 삶

속에서 작은 기쁨을 가지는 일이다. 이를 가능하게 하는 일이 바로 관찰하기다.

한편 관찰하기는 섬세함과 예리함이란 습관을 만들어주는 데도 큰 도움을 주는 공부법이다. 타고나기를 타인들보다 섬세한 사람들이 있다. 그러나 그렇지 못한 사람은 섬세함을 스스로 만들어내야 한다. 나는 관찰하기가 반복되면서 점점 세상 변화에 민감해지는 자신을 바라보게 된다.

그런 민감함은 생존이나 성장에도 도움을 준다. 민감한 사람은 세상의 미세한 변화를 남보다 먼저 알아차릴 수 있다. 위험을 알리는 신호라면 미리미리 준비할 수 있을 것이고 기회의 신호라면 남보다 기회를 선점할 수 있을 것이다.

그러나 주변을 관찰하는 일은 그런 종류의 관찰에만 머물지 않는다. 관찰하기가 몸에 익숙해지면 그런 습관은 자기 자신을 향하게 된다. 예리한 눈으로 자신을 관찰하는 일은 주변을 관찰할 때 못지않게 많은 이익을 가져다준다.

우선 허겁지겁 살아가는 일을 정리하도록 돕는다. 허겁지겁 살아간다는 이야기는 자신과 관련해서 반드시 알아차려야 할 일을 놓치는 것을 말한다. 이런 일은 대체로 비용이나 위기로 연결된다.

자기 관찰 능력이란 면에서 남자는 여자보다 둔감한 편이다. 여자는 일찍부터 여러 신체적인 변화를 경험하기 때문에 자신의 몸을 일찍 관찰하게 된다. 그런데 남자들 경우엔 둔감함 때문에 정체성 위기를 심하게 겪기도 한다. 자신을 주의 깊게 지켜볼 수 있다면 그만큼 자신의 마음속에서 일어나는 변화들을 제3자로서 새롭게 이해하게 될 것이다. 또한 자신을 관찰하는 일은 자기 자신에 대한 이해를 도움으로써 더 나은 삶을 살아가고 실수나 실패를 피하도록 돕는다는 점에서 큰 이익이 있다. 자신에 대한 공부하기의 하나로 자신 관찰하기는 꽤 도움이 되는 공부법 가운데 하나라 할 수 있다.

· ·

## '무심'에서 '유심'으로
## 전환하라

어떻게 관찰하기를 공부법으로 활용할 수 있을까? 어디에서든 여러분의 심적 모드를 '무심히'에서 '유심히'로 전환해보자. 여러분이 사용하는 PC나 스마트폰이란 기계를 작동할 때 전원버튼을 '켜짐' 상태로 유지하듯이 관찰하기가 작동된 상태를 유지하는 일이다. 이따금 관찰하기를 긴장상태로 묘사하는 분들도 있다. 그런 분들은 어떻게 사람이 항상 긴장할 수 있느냐고 반문하곤 한다.

물론 모든 훈련이 그렇듯이 익숙하지 않은 일을 행하는 데는 다소 어려움이 따른다. 하지만 관찰하기를 작동시키는 일은 우리들의 인지 활동 가운데 비교적 에너지가 소요되지 않는 일이다. 육체적인 운동에는 심리적 그리고 육체적 에너지가 크게 필요하지만 이미 무엇인가를 바라보게 설계된 두 눈을 '예리하게 관찰하기' 상태로 만드는 일은 그저 '그렇게 해야겠다'는 마음을 먹거나 생각을 하는 것만으로 충분하다.

언제 어디서든 주변을 섬세하게 그리고 유심히 바라본다고 결심하는 일만이 필요한 것이다. 이런 결심이 전체의 틀을 구성하는 얼개라 한다면 그다음에 필요한 일은 구체적으로 특정 상황에서 그렇게 행동하도록 하는 것이다. 〈포브스Forbes〉를 창간한 버티 포브스Bertie Forbes는 우리의 경력 관리 측면에서 건축가와 조각가를 잘 배합한 멋진 교훈을 준다. 이 교훈이 관찰하기를 구체적인 공부법으로 활용하고 싶어하는 사람들에게 도움을 줄 수 있을 것이다.

"당신 자신을 커리어 건축가가 아닌 커리어 조각가로 생각하라. 그렇다면 당연히 망치질에, 조각칼 새김질에, 표면을 닦고 문질러 윤을 내는 힘겨운 일을 예상할 수 있을 것이다."

마치 여러분이 전자기기를 '온' 모드로 변화시키는 것처럼 특정 상황에서 '온' 상태로 전환하는 일을 한 번 두 번 반복해보라. '지금부터 예리한 관찰하기라는 레이더를 작동시키는 거야'라는 말로 자신을 격려할 수도 있다.

'찰칵찰칵' 하고 새로운 것을 여러분의 플랫폼의 정보저장고 속으로 넣어보자. 그렇게 하는 순간부터 여러분의 눈은 마치 카메라의 줌인 줌아웃 렌즈가 되면서 인간 카메라로 탈바꿈하게 될 것이다. 여기에서 더 나아가 인간 카메라에 그치지 말고 직접 카메라를 꺼내보라. 카메라가 번거롭다면 여러분이 사용하는 스마트폰의 카메라 기능을 바로 활용해보라.

나는 스마트폰 사용자로서 카메라 기능이 아주 중요하다고 생각한다. 특히 어떤 장면을 포착했을 때 얼마나 빨리 카메라를 켜서 찍을 수 있느냐는 점은 앞으로 스마트폰을 고를 때 주요 고려사항 가운데 하나가 될 것이다.

## 세상을 '쿨'하게
## 바라보라

세상을 사진으로 찍어두는 일은 단순히 메모를 남기는 일과는 다르다. 사진은 짧은 시간 안에 많은 정보를 포함할 수 있다. 글이 전달할 수 없는 정보를 포함한다는 점에서 카메라는 관찰하기라는 공부법을 지원하는 막강한 지원기기임에 틀림이 없다. 전쟁에 비유해보면 어떨까? 전투를 치를 때는 포병의 역할이 중요하다. 적의 진지를 공략하기 전에 포병들이 막강한 화력으로 적의 진지를 집중적으로 흩뜨릴 수 있다면 그만큼 보병들의 진군은 효과를 볼 것이다. 카메라가 포병과 비슷한 기능을 발휘한다.

여러분의 관찰하기는 단기 메모리와 같다. 그냥 '참 괜찮다'라고 생각할 뿐 금세 다른 자극적인 정보들에 압도되어 '찰칵' 하고 입력된 정보들은 망각의 세계로 날아가버리곤 한다. 그런 점에서 카메라 기능이 향상되고 편리하게 사용할 수 있게 된 것은 대단한 일임이 틀림없다. 여기에다 또 하나의 획기적인 변화로서 카메라에 담은 정보들을 곧바로 이메일 등을 이용해서 여러분의 물리적인 정보저장고로 보낼 수 있다는 점은 여러분의 관찰하기에 날개를 달아주는 일이다.

여러분이 바라보는 행위와 이를 통해서 여러분의 눈에 입력되는 정보들은 일종의 '플로flow'로 이해하면 된다. 그저 흘러가는 것들로 이해하면 된다. 관찰하기 공부법의 핵심은 의미 있는 정보만을 잠시 혹은 오래 여러분의 정보저장고에 보관해두는 일이라 하겠다. 따라서 플로를 스톡으로 만드는 나름의 방법을 갖고 있어야 한다. 보관하는 방법의 하나는 글로 적어보거나 사진으로 찍어보는 일이다. 자세한 내용은 '카메라 활용하기'에서 정리할 것이다.

이제까지 관찰하기에 대해 주로 기능적인 방법을 이야기했다면 다른 측면인 한 가지를 추가해야겠다. 그것은 관찰하기를 활용하는 사람의 심적 상태에 대한 부분이다. 글로 전달하는 데는 약간의 한계가 있지만 '쿨'하게 세상을 대하는 일은 여러분 삶에 도움이 될 것이다. 여러분이 어떤 요구사항의 관철을 위해서 데모나 행진에 참가했다고 가정해보자. 무리를 벗어나서 무리에 속한 사람들과 주변 풍광을 '제3자의 눈' 그러니까 관찰자로서 대할 수 있다.

나의 개인적 경험에 따르면 어떤 상황에 함몰되지 않고 객관적이고 초연한 제3자의 눈으로 매사를 대할 수 있다면 관찰하기를 통한 공부법은 훨씬 수준이 높아지게 될 것이다. 이에 누군가는 사람이 어떻게 그렇게 냉정하게 살아갈 수 있느냐고 반문할 수도 있다. 그래서 이것은 여러분에게는 한번 고려할 만한 일로 권할 뿐이다.

나는 제3자로서 세상을 바라보는 관찰자다. 모두가 월드컵 축구나 무슨 행사 때문에 흠뻑 빠져 있더라도 제3자의 눈으로 관찰하는 태도를 거의 잃지 않는다. 늘 '왜 그럴까?'를 생각하면서 제3자로서 다른 사람들의 기쁨에 넘친 환호성이나 분출하는 에너지를 바라보곤 한다. 관찰하기 공부법을 갈고닦음으로써 뛰어난 관찰자로 자신을 바꾸어가는 과정은 성과라는 면에서뿐만 아니라 인간적인 성숙함을 더하는 데도 효과가 있다.

# 06

# 더 폭넓은 삶을 위한
# '질문하고 경청하기'

## 타인의 스토리에
## 관심을 둬라

삼인행三人行 필유아사必有我師.

《논어》〈술이편述而篇〉에 스승과 관련해서 나오는 말이다.

'세 사람이 함께 행하면 그중에는 반드시 나의 스승이 있게 마련이다. 그 사람들 중에 선한 것을 가리어 따르고, 그 사람들 중에 선하지 못한 것을 가리어 고쳐야 하느니라.'

설령 어떤 사람이 전문가라 하더라도 자신의 분야가 아닌 다른 분야에 대해서 해박한 지식을 갖기는 어렵다. 따라서 스승이란 의미를 넓은 의미로 재해석할 필요가 있다. 사실 모든 사람은 정도의 차이는 있을지 모르지만, 자신의 생업 분야에서는 일가를 이룬 전문가라 할 수 있다.

사람들은 저마다 자신의 의식주 문제를 해결하기 위해 오랜 시간과 많은 노력을 들이는 분야에서는 자신만의 비결을 갖고 있다. 그래서 공자의 메시지는 현대에도 약간만 조정하면 공부법을 구하는 사람에게 얼마든지 의미 있는 메시지가 될 수 있다. 사실 내가 타인에 대해 가진 중요한 관점 가운데 하나가 '모두는 각자의 분야에서 전문가다'라는 가정이다. 그렇다면 당연히 전문가로부터 배움을 택해야 한다는 결론을 얻을 수 있다.

나는 누구를 만나더라도 대화를 나눌 기회가 있다면 그 사람에게 무엇인가를 물어보기를 좋아한다. 그냥 좋아한다는 표현을 넘어서 습관적으로 묻는다. 한편으론 궁금하기도 하지만 다른 한편으론 상대방이 일하는 분야에서 어떤 일들이 진행되는지를 알고 싶은 호기심 때문이기도 하다. 상대방이 쉽게 답할 수 있고 상대방이 잘 알고 있으리라 믿는 분야에 대해 던지는 질문 형식은 장소나 상황 그리고 사람에 따라 달라진다. 하지만 질문의 공통점은 상대방이 잘 알고 있을 것으로 추측되는 분야라는 점이다.

기업을 이끄는 사장님을 만났을 때라면 "요즘은 어떤 문제가 가장 큰 현안 과제인가요?"라고 묻기도 하고, 괄목할 만한 성과를 올린 분이라면 "그처럼 대단한 성과를 만들어낸 요인이 무엇이라 생각하는지요?" 등과 같은 질문을 던지기도 한다. 중간 간부를 만나는 자리라면 "몇 년 정도 이 분야에서 일을 해왔는지요?"라는 질문도 좋고 "그 분야에선 현재 어떤 일들이 진행되고 있는지요, 앞으로 시장 상황을 어떻게 보시는지요?" 등과 같은 질문을 던지기도 한다.

언젠가 부산에 강연을 갈 기회가 있었다. 마침 강연장까지 안내한 분이 이탈리아에서 소품을 수입하는 분이었다. 그래서 나는 평소 이탈리아와 그곳 사람들에 대한 궁금증이나 일종의 가설을 마음껏 물어보았다. 그런데 차가 강연장에 도착할 즈음 그 사장님은 나에게 다음과 같이 칭찬을 해주었다.

"이제껏 수없이 많은 사람을 만났지만, 공 박사님처럼 쉴 새 없이 무엇을 묻고 즐겁게 듣는 분은 처음이었습니다."

나는 누구를 만나든지 묻고 또 묻곤 한다. 물론 알고 싶다는 욕구에는 실용적인 부분도 있겠지만, 압도적인 비중을 차지하는 것은 앎에 대한 순수한 욕망이다. 나이가 꽤 드신 분들을 만나면 살아온 삶에 관한 이야기를 여쭤보는 것도 좋다. 사람은 학식이 있든 없든, 자리가 높든 그렇지 않든 간에 모두가 각자의 삶을 통해서 자신만의 이야기를 써 내려가고 있다고 생각하기 때문이다.

인생 이야기에는 영광의 순간도 있고 절망의 순간도 있다. 또한 환희의 순간도 있지만 아쉬움과 후회의 순간도 있다. 타인이 누군가를 만나서 듣고 쓴 인터뷰도 가치가 있지만 내가 직접 누군가를 만나서 묻고 듣는 '인간에 관한 이야기'는 도저히 따라올 수 없을 정도의 생생함을 지니고 있다. 질문을 던지고 경청을 하는 일은 다른 방법에 비해서 쉽다.

누구든 생업을 위해 열심히 살아온 사람들의 삶에 대해 그런 노력에 합당할 정도의 가치를 인정하면 자연히 질문을 던지고 싶어 한다. 듣는 중에도 자신의 이야기는 가능한 줄이고 열린 마음으로 경청하게 되면 말하는 상대방과 자신 사이에 뛰어난 공감대가 형성된다. 누군가로부터 배우겠다는 결심을 하고 질문을 던지고 제대로 경청하는 것만으로도 책에서 도저히 배울 수 없는 그런 지혜를 얻을 수 있다.

나는 삶의 과정 과정마다 만나는 사람들을 귀하게 여기고 그들로부터 무엇인가를 배우려 노력한다. 우리는 매일매일 누군가를 만난다. 그런 만남을 그저 흘려보내지 않고 잠시라도 짬을 내 그 만남의 대상자의 이야기를 진지하게 들어본다면 삶은 유쾌함으로 채워질 수밖에 없을 것이다. 사람마다 진실로 재미있고 유익한 이야기들이 많기 때문이다.

나는 만남이 끝나고 나면 아주 간단하게 대화 내용 가운데 중요한 키워드를 메모로 남겨둔다. 그리고 인상적인 대화의 경우라면 내 머리를 벗어나 망각으로 사라지기 전에 이야기를 정리해두기도 한다.

• •

## 사람을
## 아는 것의 힘

우리는 자기 전공이 아닌 다른 분야까지 속속들이 이해할 수는 없다. 그리고 다른 삶을 살아볼 수도 없다. 그렇기에 타인이 잘 아는 것에 대해 질문하고 듣는 공부법이 필요하다. 그 공부법이 가진 효과 가운데 가장 큰 것은 다른 분야에 대해 이해하는 폭과 깊이를 넓힐 수 있다는 점이다.

또 내가 잘 아는 내 분야 이외의 다른 분야에서는 지금 어떤 일들이 일어나고 있는지를 이해할 수 있다. 그리고 그 분야에서 일하는 사람으로서 바라본 미래에 대한 전망까지도 들을 수 있다. 그런데 다른 분야에 대한 이해는 이해하는 것만으로 끝나지 않는다. 다른 분야에 대한 이해는 자신의 분야에서 더 나은 성과를 만들어낼 수 있는 아이디어나 해법을 제시하는 데 도움이 된다.

나 또한 자주 '저 방법은 적용해봐도 되겠는데'라는 깨달음을 얻게 된다. 모든 분야를 섭렵할 수는 없지만 만남의 기회가 있을 때마다 자기 자신을 지속해서 노출하는 일은 크게 도움이 되는 일이다. 또한 질문하기와 경청하기가 가진 매력 가운데 하나로 간접체험을 들 수 있다. 이것은 우리가 살 수 없는 다른 사람의 삶에 간접적으로 잠시 들어가 볼 기회를 제공한다. 질문하고 듣는 것은 일종의 인터뷰에 해당한다. 인터뷰하는 사람으로서 상대방 삶에서 기념비적인 순간이나 상황을 생생하게 들어볼 수 있다. 살아온 이야기는 그 자체만으로도 풍부한 교훈과 지혜를 준다.

나는 어떻게 살아가야 하느냐는 넓은 주제에 대한 교훈뿐만 아니라 이런저런 상황에서는 어떤 점을 주의해야 한다는 깨달음과 함께 말이다. 사람에 대한 인터뷰는 여러분의 머릿속 플랫폼에 있는 정보저장소에 인생 사례 1, 인생 사례 2 등과 같은 형식으로 차곡차곡 축적된다.

그리고 언젠가 여러분이 어려움을 맞게 되었을 때 이제까지 축적되어 온 사례들이 의외의 효과를 낼 수 있다. 가령 특정 상황에서 타인이 어려움을 극복한 사례가 여러분에게 큰 위안을 줄 수 있다. 또한 타인의 모험담과 영웅담은 그 자체만으로 계속해서 내가 더 열심히 살아가야 할 이유나 자극이 되기도 한다.

## 공감 능력을 키우는
## 질문과 경청

워낙 분주한 세상이다 보니까 누군가의 이야기를 들어주는 경우가 드물다. 그런데 타인이 잘 아는 분야에 대해 질문을 던지고 진지하게 들어주는 것은 그 자체만으로 타인을 배려하는 일이기도 하고 존경하는 일이기도 하다. 사실상 모든 사람에게는 인정받거나 자랑하고 싶은 욕구가 있다.

여러분이 자랑하고 싶은 사항을 진지하게 들어주는 사람이 바로 앞에 있다고 가정해보라. 자랑을 늘어놓는 사람은 우쭐해지는 한편 들어주는 사람에게 호감을 느끼지 않을 수가 없다. 따라서 잘 듣는 것은 좋은 인간관계를 맺는 방법 가운데 하나라 할 수 있다. 특히 세일즈 분야에 종사하는 사람들에게 더할 나위 없이 중요한 일이다. 우리가 교과서를 통해 배울 수 없는 중요한 능력 가운데 하나인 공감 능력을 키우는 데 도움이 된다.

질문은 단순히 질문을 툭 하고 던지는 것으로 끝나지 않는다. 어떤 질문을 던질까를 생각하는 일은 다른 측면에서 보면 타인의 입장에 서보는 일이 된다. 또한 질문에 대한 상대방 이야기를 들으면서도 끊임없이 상대방 입장에 서서 맞장구를 치거나 추가적인 질문을 던질 수 있어야 한다.

우리는 이런 일련의 과정에서 자연스럽게 상대방이라면 어떻게 하느냐는 상황을 설정하게 된다. 사실상 타인의 감정에 둔감한 사람이라면 질문과 경청이 쉽지 않다. 모든 인간관계의 기초에는 타인과의 공감 능력이 있다. 질문과 경청을 이를 훈련하는 과정으로 보면 그 가치를 충분히 인정할 수 있을 것이다.

한편 질문하기와 듣기는 상사와 부하와의 관계에서도 중요하다. 여러분이 상사라면 부하에게 던지는 질문은 두 가지 중요한 효과를 낳는다. 하나는 부하에게 피드백하는 과정에서 생긴다. 일이 어떻게 진행되고 있는지, 문제는 없는지, 도움을 줄 것은 없는지를 확인하는 과정은 그만큼 상대방에게 관심을 두고 있고 일을 독려하고 있음을 알려주는 일이다.

또한 부하에게 질문을 던지는 것은 무언가를 유도하는 일이기도 하다. 특히 상사가 반복적으로 던지는 질문은 부하에게 생각할 거리를 주고 동시에 생각하는 방법을 가르쳐준다. 부하뿐만 아니라 부모와 자식 간에도 해당하는 이야기다.


## 호기심과 경외감과
## 겸손으로

질문하기와 경청하기를 통한 공부법은 어떻게 이용될 수 있을까? 질문을 만들어내는 일도 기술이다. 따라서 질문하기와 경청하기 공부법의 기본은 필요할 때마다 적절한 질문을 만들어내는 일이다. 물론 질문을 만들어내는 일이 생각처럼 쉽지는 않겠지만 다음 세 단어가 늘 함께하면 얼마든지 가능하다.

첫째는 호기심이고 둘째는 경외감(혹은 놀라움)이며 셋째는 겸손함이다. 늘 자신에 대해서 그리고 세상에 대해서 호기심과 경외감을 가지게 되면 자연스럽게 '저것은 왜 저럴까?'라는 질문들이 생긴다. 질문에는 자신에게 던지는 질문이 있고 타인에게 던지는 질문이 있다.

우선은 자신에게 이런저런 질문을 던지는 것은 타인에게 질문을 잘하기 위한 좋은 훈련과정에 속한다. 처음에는 쉽지 않겠지만 한 번 두 번 계속해서 자신에게 이런저런 질문을 던지게 되면 질문하는 습관을 갖게 될 것이다.

다음으로 타인에게 질문하기는 두 가지에 바탕을 두면 훨씬 수월하다. 하나는 모든 사람은 자신의 분야에 관한 한 전문가이거나 전문가에 근접해가는 사람이라 가정하는 것이다. 자연스럽게 '누구든지 간에 그 사람이 잘 아는 분야에 대해 배움을 청할 수 있다'는 생각이 들기 때문이다. 내가 무엇을 배울 수 있을까를 생각해보는 것도 좋고 반대로 이분은 무엇을 말하고 싶을까를 생각해보는 것도 괜찮다.

자신이 들고 있는 마이크를 상대방에게 옮겨보라. 그런 다음에 마치 여러분이 인터뷰하는 사람이라고 가정하고 상대방이 잘 알고 있으리라 추측되는 것이나 상대방이 자신 있게 말할 수 있는 것을 중심으로 질문을 던져보라. 상대방을 최대한 공경하고 배려하는 기분을 담아서 정중하게 질문을 던져보라.

인터뷰 경험 가운데서도 마치 따지듯이 '왜 그랬는데요?'라는 식으로 몰아붙이는 인터뷰를 마치고 나면 기분이 유쾌하지 않다. 따라서 배움을 청하는 자세와 마음가짐이 중요하므로 여러분 자신의 학식을 자랑하지 않도록 주의해야 한다. 때로 중요한 사람을 만나는 경우라면 사전에 머릿속으로 가상의 상황을 그려보는 일도 도움이 된다.

'만일 내가 그분이라면 어떤 상황에 있을까?' '어떤 질문을 던지는 것이 좋을까?' 질문은 상대방도 유쾌하고 나도 도움을 받을 수 있는 것 사이에서 적당한 절충이 필요하다. 특히 지속적인 관계를 맺는 사람들, 예를 들면 부하나 자식들의 경우라면 상황에 따라 즉흥적으로 만들어지는 질문 이외에 몇 가지의 정형화된 질문을 하는 것도 도움이 된다. 질문을 던지는 사람에게 도움이 되기도 하지만 질문을 받는 사람에게 그 문제를 의식적으로 혹은 무의식적으로 계속해서 생각할 수 있는 계기를 제공하기 때문이다.


## 최대한 집중해서
## 잘 들어라

듣는 자세도 중요하다. 질문하고 경청하기 공부법은 일방적인 대화와 달리 상대방에게 확실히 무게중심을 싣는 대화법이다. 따라서 쌍방향 소통이라기보다는 한 방향 커뮤니케이션에 더 큰 비중을 둔다. 가능한 자신의 말수를 크게 줄이고 상대방에게 많은 기회를 주어야 한다.

여러분은 상대방 이야기를 들으면서 하나 둘 셋 정도로 머릿속으로 정리하는 일이 필요하다. 두뇌는 여러 가지 정보를 병렬 처리하는 기능을 수행하지만, 상대방 이야기를 들으면서 다음에 자신이 이야기해야 하는 내용에 비중을 두다보면 자연히 상대방 이야기의 핵심을 놓치게 된다. 사람에 따라서는 눈앞에서 메모하는 것을 좋아하지 않을 수도 있다. 그때는 메모하기보다는 가능한 상대방 말에 맞장구를 치는 편이 더 효과적이라 생각한다. 그러기 위해서는 상대방 이야기를 머릿속에 하나 둘 셋 순서로 메모하는 일이 반드시 필요하다. 그렇지 않으면 이야기를 한참 듣고 나서도 그 내용이 얽혀버리기 때문이다.

단기 메모리 능력을 활용해서 마치 머릿속 흰 백지 위에 메모하듯이 하나 둘 셋 순서로 기억하라. 그러나 이런 기억 능력에는 상당한 한계가 있다. 메모지나 스마트폰 등을 사용해서 간단한 키워드 정도만을 기록해두는 것으로 보완하라. 그러면 나중에 기억을 되살리는 데 큰 도움이 된다. 물론 분위기를 보고 메모를 해도 된다면 큰 도움이 될 것이다. 메모할 때 상대방 눈을 주시하는 시간의 비중이 떨어지지 않도록 해야 한다.

상대방에게 여러분이 잘 경청하고 있음을 알려야 하고 '당신의 이야기가 나에게 큰 도움이 된다'는 메시지를 자주 보낼 수 있어야 한다. 꼼꼼한 메모방식은 별로 권하고 싶지 않다. 이처럼 대화를 마치고 나면 그다음에는 어떻게 해야 하는가? 질문하기와 경청하기 공부법의 효과를 높이기 위해서는 반드시 필요한 단계가 대화를 재생하는 단계라고 생각한다.

자신만의 재생 단계가 있어야 한다. 초보적인 재생 단계는 모임을 마친 다음 여러분의 메모장에 대화 내용을 회상하면서 중요한 포인트 몇 가지를 꼼꼼하게 메모하는 것이다. 30분이나 한 시간 정도의 비교적 긴 대화 속에서도 중요한 포인트를 정리하면 몇 가지가 되지 않는다. 환담이나 일상적인 이야기들을 다 빼버리고 핵심 중심으로 메모를 해 두어야 한다. 여기서 핵심 중심의 메모라 함은 실용성 측면에서 교훈이나 흥미를 끄는 사례 중심의 요약정리라고 생각하면 된다.

질문하기와 경청하기 공부법에서 또 한 가지 중요한 것은 핵심 사항을 뽑아내는 일이다. 그래서 꼼꼼히 메모하기보다는 이 대화로부터 내가 찾아낼 수 있는 유용한 정보, 지식, 사례 등을 정리해야 한다. 메모 이외에 재생작업은 몇 가지를 추가할 수 있다. 메모에 나온 정보, 지식, 사례를 중심으로 자신의 이야기를 더하는 가벼운 글쓰기 작업이 한 가지 재생 작업에 속한다.

다른 하나는 타인과의 만남에서 여러분이 들었던 것을 상황에 맞게 재구성해서 또 다른 타인에게 들려주는 일이다. 어떤 것을 배우더라도 상대방에게 설명해보는 것은 훌륭한 공부법 가운데 하나다. 특히 일반 성인들의 훌륭한 공부법 가운데 하나는 들었던 것을 재현해내는 일이라고 생각한다. 그리고 그 재현에다 자신의 의견이나 느낌을 더할 수 있다면 좋다.

그렇다면 왜 재생해보는 일이 필요한가? 물론 모든 만남이 반드시 이런 과정을 거쳐야 하는 것은 아니다. 다만 여러분이 한번 스쳐 보내기에 아까운 만남이라고 생각하면 얼마든지 시간의 소비를 시간의 투자로 바꿀 수 있다는 것이다.

# 07

# 겸손한 자세로
# '가르침 받기'

## 가능한
## 효율적으로 배워라

나는 부지런히 배운다. 나에게 최고의 선생님은 젊은이들이다. 그들 가운데도 늘 일을 도와주는 직원들이다. 그러면 그들로부터 무엇을 배우는가? 주로 컴퓨터와 모바일 분야에 대한 공부다. 모르는 것이 있으면 주저하지 않고 물어본다. 그때 중요한 것은 묻지 않으면 가르쳐주는 사람이 없다는 사실이다. 젊은 직원들이 알아서 여러분에게 가르쳐주기를 기대할 수는 없다.

나는 비서의 도움을 가장 많이 받고 그다음으로 도움을 많이 받는 상대는 대학에 다니는 아이들이다. 예를 들어, 어떤 소프트웨어를 사용하는 방법을 모른다고 가정해보자. 그러면 나는 직원에게 이렇게 요구한다. 그 프로그램을 이용하는 방법을 연구한 다음에 간단하게 〈A소프트웨어 사용법〉이란 이름으로 #1, #2, #3 순서로 정리해 그 내용을 이메일 한 장으로 만들어달라고. 그리고 반드시 메일로 받아서 한번 해본 다음에 메일함에 있는 'Computer'란 섹션에 보관해둔다. 자주 사용하지 않는 기능인 경우엔 금세 잊어버리기 때문이다. 그렇게 배운 방법을 정리해 모바일기기 이용법에 대해 쓴 책이 《모바일 혁명》(21세기북스)이다. 꾸준히 배워서 책을 쓸 정도에 이르게 되었으니 제대로 배운 학생임이 틀림없다.

여러분이 구조적으로 취약할 수밖에 없는 분야가 있다면 혼자서 끙끙거리며 고민하지 말고 물어야 한다. 그래야 시간도 에너지도 줄일 수 있다. 책이나 설명서를 읽고 익히는 데는 시간이 많이 필요하다. 언젠가 한 이동통신사 사장님 이야기를 인상 깊게 들었던 적이 있다.

"일본인들은 대체로 스마트폰을 사고 나면 사용설명서를 꼼꼼히 읽는데, 한국 사람들은 대부분 읽지 않는다."

그 모임에 참가한 10여 분이 이구동성으로 동감을 표했다. 참가한 한 방송인은 여기서 한 걸음 더 나아가 "나는 설명서를 읽으면 더 헷갈립니다"라고 말해 좌중을 웃음의 도가니로 몰아넣었다. 아무튼, 상대방이 잘 아는 분야라면 그에게 물어서 핵심만 정리해서 받아보면 시간을 상당히 줄일 수 있다.

그리고 내가 스승에게 직접 도움을 받는 공부는 강연을 듣는 경우다. 직접 찾아가서 강연을 듣기도 한다. 몇 해 전에 톰 피터스가 내한 강연을 할 때 나는 제법 큰 액수의 돈을 내고 강연을 들었다. 강연을 듣는 동안에는 내용도 관심 있게 들었지만, 그가 강연을 어떻게 이끄는지, 어떤 방법으로 강연하는지 등을 주의 깊게 지켜보았다.

대개 강연은 의도한 강연과 의도하지 않은 강연으로 나뉜다. 의도하지 않은 강연이란 무엇인가? 의도하지 않은 강연 참가는 주로 앞 강연자의 강연이 끝나지 않을 때 행해진다. 10분이건 20분이건 간에 그 강연자의 강연을 뒷자리에 앉아서 듣게 되는 경우다.

나는 강연장에 도착하면 반드시 강연 자료를 챙긴 다음에 강연장에 입장한다. 짧은 시간 강연을 듣더라도 강연 자료집을 읽으면서 듣는 작업을 동시에 진행하면 강연 내용의 상당 부분을 소화할 수 있다. 그뿐만 아니라 여러 강사의 강연 스타일이나 전달 방법들을 제3자로서 바라볼 귀한 기회를 갖게 된다. 다른 분들 강연으로부터 배우는 것은 특별한 공부법이다.

그런데 이때도 강연을 더 효과적으로 듣는 방법에 대해 고민할 필요가 있다. 흔하게는 파워포인트를 보면서, 강사 강연을 들으면서, 종이로 된 강연 자료집을 읽는 경우가 많다. 이때도 나는 가능한 색깔 있는 펜들을 사용한다. 대부분은 붉은색 펜을 사용하고 이따금 다양한 색깔의 컬러 펜을 사용한다.

강의를 들으면서 가능한 강연 내용을 강의 시간 중에 완전히 소화하려고 노력함과 아울러 강의에 함몰되지 않고 강의로부터 내가 무엇을 배워서 실행에 옮길 수 있느냐는 질문을 강의 중에 자주 던져본다. 우선 당장 실천에 옮길 수 있는 내용에 대해서는 붉은 펜으로 줄을 긋고 반드시 그 내용 앞에 별표(예를 들면 별 하나, 별 세 개 등)를 적어 중요한 것을 확실히 표시해둔다.

그리고 강의를 끝마칠 즈음이 되면 강의록이 끝나는 지점에 수평의

선을 그은 다음에 '요약' 혹은 '서머리summary'라는 단어와 함께 즉시 실행할 수 있는 아이디어를 한 번 더 간단한 단어 중심으로 적어둔다. 강연이라는 투자를 통해서 무엇을 얻어야 한다는 생각이 있다면, 그리고 실용성이란 관점에서 요약정리를 하는 일은 꼭 필요하다.

온라인을 이용해서 강의를 듣는 경우도 있다. 내가 즐겨 찾는 사이트는 테드닷컴(www.ted.com)이다. 집에서 편안하게 소파나 의자에 기대어 가볍게 듣기는 하지만 이런 강연 역시 중요한 핵심 키워드는 포스트잇 등에 적어둔다. 한편 더 열심히 강연 듣기를 소망하는 사람이라면 노트북을 지참해서 듣거나 태블릿 PC 등을 준비해서 디지털과 아날로그 도구를 동시에 활용할 수 있겠다.

공부법은 역시 복습이 있어야 효율적이다. 강연이 끝나고 나면 몇십 분 정도의 시간을 들여서 이들 내용을 한 번 더 읽어보는 일도 강연에 투입한 시간의 효율성을 올리는 간편한 방법이다.


## 겸손하게
## '전문가'를 활용하라


가르침을 받으면 어떤 효과가 있을까? 우선은 궁금한 것을 신속하게 알 수 있다. 물론 어떤 것을 알기 위해선 책이나 설명서를 읽으면 된다. 그러나 이 글을 읽는 분들이라면 모두 해야 할 일은 많고 시간은 부족하므로 고민이 많을 것이다. 이때 질문에 대해 정확하고 신속하게 답을 정리해줄 수 있는 사람이 있다면 그 자체만으로도 대단한 경쟁력을 갖고 있다고 할 수 있다. 특히 컴퓨터나 모바일기기 등은 일반적인 40대 이후 사람들에게는 무척 취약할 수 있으므로 전문가의 가르침을 적극 활용해야 한다.

누구든지 지위가 올라가고 나이를 먹게 되면 육체적으로 늙어가는 것처럼 자칫 자신을 대단한 사람으로 받아들이게 된다. 그럴 때 필요한 것이 겸손이지만 누구도 성인이 된 사람에게 '겸손하라'는 이야기를 해줄 수 없다. 겸손은 작은 각성과 깨달음을 통해서 스스로 얻어야만 하는 것이다.

지적으로 겸손한 자세를 유지하는 일은 한 인간의 성장에 여러 가지 도움을 준다. 여러분이 그동안 만났던 다양한 사람들을 잠시 머리에 떠올려 보라. 누군가로부터 배움을 기꺼이 수용하는 사람들이라면 각별하게 느껴졌을 것이다. 가르침을 받는 일은 분명 정보나 지식을 효과적으로 습득하는 방법이다. 이는 숲과 나무를 알아가는 일에 비유할 수 있다. 혼자서 나무 하나하나를 처음부터 세세히 이해하기 위해 노력하기보다는 전체 틀에 해당하는 숲을 먼저 파악한 다음에 그 숲 속에 있는 나무를 알아가게 되면 이미 머리에 전체 그림이 들어 있기에 효과적으로 배울 수 있다.

또한 상대적으로 손쉬운 공부방법 중 하나가 바로 가르침을 받는 일이다. 혼자서 처음부터 끝까지 특정 주제에 숙달하는 일은 시작도 어렵지만 그 과정도 힘들다. 그러나 누군가의 전문성을 활용하는 일은 그만큼 쉽게 시작할 수 있다는 장점이 있다. 여러분이 강연을 듣는다는 것은 다른 사람이 가진 전문성을 습득하는 과정이다. 물리적으로 한 시간 강연이라고 하지만 그 강연을 준비하는 강사가 투입한 시간에다 강사가 오랜 기간 자신의 분야에서 갈고닦아 온 지식을 고려하면 수십 시간을 습득하는 일이라고 생각한다.

나는 자기경영 아카데미에서 8시간 강연을 할 때 참가자에게 꼭 이런 말을 더한다. 수십 수백 권의 책을 읽어도 체계화되지 않는 지식을 8시간이란 짧은 시간 동안 정교하게 정리된 지식으로 전수받는 기회니까 최고의 집중력을 유지해달라고 말이다. 단지 광고성 멘트가 아니다. 사실 전문성을 가진 사람들에게서 무엇인가를 배우는 것은 그런 가치가 있음을 뜻한다.

손쉽게 가르침을 받는다는 것은 이 시대에 유독 특별한 의미가 있다. 특히 정보와 지식의 민주화가 가져온 가장 큰 힘은 온라인 교육의 활성화라 할 수 있다. 이제는 자신이 원한다면 다양한 주제에 대해 언제 어디서든 배울 수 있는 시대이다. 물론 그런 시대가 주는 다양한 기회를 활용하는 일은 각자의 몫이라 할 수 있다.


＊＊

## 요령껏,
## 맘껏 가르침을 구하라

어떻게 가르침을 받을 수 있을까? 몇 가지로 나누어 살필 수 있다. 하나는 특정 주제나 특정 문제에 대해 타인으로부터 배움을 구하는 일이다. 구체적인 지식이나 정보는 전문가에게 배울 수 있다. 따라서 나이나 직책 등에 연연하지 않고 그 분야 전문가로부터 한 수 배우겠다고 생각하는 것만으로도 큰 성장을 이룰 수 있다.

여러분이 가까이에서 만나는 사람에게 가르침을 받을 가능성이 높다.

여러분은 전문가가 누구인지를 먼저 선정한 다음 구체적인 질문을 던지는 것이 필요하다. 앞에서 잠시 소개한 바와 같이 내가 젊은이들이 잘 아는 분야에 대해 공부하는 것을 참조하면 된다. 이때 '이것을 활용하는 방법은 무엇입니까?'라는 식으로 상대방이 구체적인 답을 줄 수 있도록 질문에서부터 모호함을 배제하도록 해야 한다.

그리고 상대방에게도 첫째, 둘째, 셋째 등의 순서로 구체적인 방법을 들려달라고 하면 도움이 된다. 그리고 무엇인가를 듣는 행위는 그 자체만으로는 말하는 사람과 듣는 사람의 상황에 따라 다른 메시지가 오고 갈 수 있다. 따라서 문장으로 정리된 가르침을 받는 방법이 좋다. 물론 이렇게 하는 데는 자신의 특성을 제대로 이해할 필요가 있다.

나는 단기 암기 능력이 현저히 떨어지는 편이다. 게다가 들었던 내용을 헷갈리거나 잘 정리하는 능력도 부족하다. 이런 특성을 고려해서 반드시 설명과 함께 가능하면 문장으로 정리해서 가르쳐달라고 요구한다. 가르치는 사람으로서도 유리하다. 그렇게 함으로써 그 역시 자신의 정보나 지식을 정리해볼 수 있고 자신이 가르친 내용을 배우는 사람이 제대로 이해하지 못해 묻고 또 묻는 상황을 피할 수 있다.

반대로 특별한 능력을 갖춘 사람들도 있을 것이다. 누군가에게 가르침을 받을 때 잠시 듣는 것만으로도 내용을 파악하는 데 뛰어난 능력을 갖춘 사람들이 있다. 그들은 청각을 이용해 배우는 능력이 특히 뛰어난 사람들이다. 그들의 경우엔 굳이 문장으로 정리할 필요는 없다. 확실히 세상에는 읽어서 잘 배우는 사람이 있고 들어서 잘 배우는 사람이 있다. 자신이 어디에 속하는지는 곰곰이 생각해봐야 한다.

다른 하나는 강연을 통해서 가르침을 받는 일이다. 이 방법은 나이가 들어가면서 상대적으로 비중이 높아지는 공부법이다. 게다가 현장에서 분주히 시간을 보내는 사람들이 짧은 시간 내 지식을 체계화하는 방법으로 널리 활용할 수 있는 공부법이다. 강사는 그 장소에 참석한 사람들 전체를 대상으로 강연을 한다. 하지만 강연장에 앉아 있는 사람들은 얼마든지 강사가 자신에게 개인적으로 가르침을 행하고 있다고 생각하며 강연을 들을 수 있다.

강연을 들을 때는 항상 강연에 대한 기대가 있어야 하고 그 강연에 자신이 시간과 에너지를 투입하고 있기 때문에 투자라는 개념으로 접근해야 한다. 하지만 막상 강연장에 참석해보면 일반적으로는 객석이 뒷자리부터 채워지게 된다. 여러분의 습관을 바꾸어보는 것은 어떨까? 강연장 공간 배치에서 뒷자리에 앉는 것은 확실히 강연 효과가 떨어지는 선택이다.

어차피 시간을 내서 강연을 듣는 경우라면 앞자리에 앉는 것이 좋다. 그리고 이렇게 강연장에 갈 때마다 앞에 앉는 것은 또 다른 효과를 낳을 수 있다. 그것은 무엇을 하든 적극적인 자세와 도전적인 자세를 드러내는 일이기도 한 것이다. 이번 강연에서 나는 도전적으로 배우겠다는 의지를 표현하는 것이다. 이런 행위 자체가 그런 의지와 마음가짐을 강화시키는 것으로도 이해할 수 있다.

## 무엇이든
## 어떻게든 남겨라

강연도 습관적으로 흘러들을 것이 아니라 일종의 의식으로 이해하면 좋다. 주최 측에서 나눠준 자료집이 있을 것이다. 요즘에는 주로 파워포인트 자료를 정리한 유인물이 많다. 강연 시작 전에 몇 분 정도의 자투리 시간이 있다면 전체 내용을 대충이라도 훑어보는 일이 필요하다. 강연이 어떻게 흘러갈지를 가늠해보는 좋은 방법이다. 강연에서 숲 전체를 확인하는 일이라고 보면 된다.

요즘 강연자에게서는 드물지 않게 확인할 수 있지만 확실히 노트북을 펴고 강연을 듣는 일도 도움이 된다. 앞으로 점점 태블릿 PC를 사용하는 사람들이 늘어날 것이다. 한 가지 주의해야 할 점은 원래 태블릿 PC는 정보소비용 기기라는 점이다.

태블릿 PC는 다양한 정보에 손쉽게 접근할 수 있기 때문에 오히려 강연에 대한 집중도를 떨어뜨릴 수 있다는 점에 유념해야 한다. 즉 강연을 들으면서 웹서핑을 하는 등 산만함으로 이어질 가능성이 높다. 사실 이런 문제 때문에 태블릿 PC가 깊은 독서를 하는 데 유용한 기구로 활용될 수 있을지에 대해 의문을 제기하는 전문가들이 많다.

한편 컴퓨터의 워드프로세서 기능을 직접 활용해서 강연을 듣는 방법도 효과적이다. 물론 워드 기능을 활용하기도 하고 종이 노트를 활용할 수도 있다. 우선순위를 따지자면 워드 기능을 활용해서 강연의 주요 내용을 간단하게 메모하는 일이 효과적이다. 컴퓨터를 갖고 다니기가 번거로운 사람이라면 메모지를 활용할 수 있지만 한번 정리하고 나면 이것을 활용하는 일이 쉽지는 않다. 그냥 강연을 들으면서 내용과 자신의 생각을 정리한다고 보면 된다.

반면에 워드프로세서 기능을 활용하면 모든 강연을 자신의 데이터베이스에 넣어두고 활용할 수 있다는 장점이 있다. 하지만 종이 메모가 가진 강력한 힘은 손으로 직접 메모하는 과정에서 더 효과적인 입력이 이루어질 수 있다는 점이다. 각종 색상이 있는 펜을 사용해서 우선순위를 매길 수 있고 추가해야 할 자료를 간단하게 삽입해두는 방법은 여러모로 쓸모가 있다.

또 한 가지 방법은 모두가 갖고 다니는 스마트폰의 메모 기능을 활용하는 일이다. 이 방법의 탁월한 점은 강연을 마친 다음 이메일 전송이 가능하고 이 역시 데이터베이스에 보관해서 활용할 수 있다는 것이다. 두 가지의 조합을 이용하면 도움이 될 것이다. 그런데 나는 최근에는 종이 메모로 남기는 방법의 비중이 과거에 비해 다소 줄어들었다.

급히 강의를 들어야 하는 상황에서는 주로 스마트폰 메모지에 중요 키워드를 남기기도 하고 마음먹고 들어야 하는 강연이라면 당연히 노트북을 활용하곤 한다. 꼭 들어야 하는 중요한 강연 내용이라면 곁에 있는 냅킨이나 양복 상의에 들어 있는 메모지 등에 급히 중요한 단어만이라도 정리해둔다. 즉시성이란 면에서 보면 손에 펜을 쥐고 적는 것만큼 효과적인 방법도 드물다.

강연이 끝날 즈음이 되면 이번 강연에서 내가 무엇을 활용할 수 있느냐는 질문과 함께 3~5개 정도의 핵심 키워드를 정리한 다음 강연을 마치는 일이 도움될 것이다. 이는 강연 내내 내가 이 강연에서 무엇을 얻어야 할 것인가에 대해 생각을 하고 강연을 들을 수 있도록 도움을 준다. 경험적으로 보면 이렇게 즉시 실행해야 할 부분을 기록으로 남겨두는 것과 그냥 지나쳐 버리는 것 사이에는 상당한 차이가 있다고 할 수 있다.

마지막으로 온라인 강연에 관해 이야기해보자. 집에서든 강연장에서든 온라인 강연을 듣는 경우가 있는데 앞으로 이런 추세는 더욱 활발해질 것이다. 동영상은 재미있게 만들어져 있기 때문에 참석한 그 시간을 기준으로 하면 그 어떤 도구보다도 유익하다. 그러나 그것을 그냥 듣고 만다면 텔레비전의 괜찮은 드라마를 보는 것과 무엇이 다르겠는가. 물론 동영상에 익숙하지 않은 세대의 항변일 수도 있고 동영상에 대한 약간의 편견일 수도 있다. 다만 동영상을 통한 가르침 역시 '플로'로 끝나지 않고 스톡화하는 과정이 반드시 필요하다. 이때 화면은 계속 흘러가기 때문에 주요 키워드 정도를 남겨두는 일에 만족해야 할 것이다.

최근에는 《성경》을 공부하면서 동영상 강연이 얼마나 효과적인가를 온몸으로 느낀 적이 있다. 한 분야에서 오랫동안 공부해온 분들이 일목요연하게 전달하는 강연은 《성경》의 핵심을 이해하는 데 엄청난 시간과 에너지를 절약시켜주고 있다. 이때도 나는 반드시 노트를 사용해서 마치 강연장에서 강연을 듣는 것과 똑같이 메모하고, 줄을 긋고, 중요한 부분을 점검하면서 듣는다. 게다가 반복해서 들을 수 있다는 장점은 대단한 효과를 낳는다.

## 08

# '나'의 대표 공부법은
# 바로 '책 쓰기'

### 꼬리에 꼬리를 무는
### 책 쓰기 열정

　　처음엔 책을 쓰는 일이 내겐 공부법이 아닌 단지 중요한 업무의 하나였다. 그런데 책 쓰기를 계속하면서 내가 하는 일의 본질에 대해 깊이 생각하게 되었다. 그리고 '이게 나에게는 배우는 방법이구나!'라는 깨달음을 얻게 되었다. 만약 '당신 업무의 본질이 무엇입니까?'라는 질문을 받게 된다면 어떤 답을 내놓을 수 있는가?

　　내가 내놓을 수 있는 업의 본질은 콘텐츠를 창조하는 일이다. 그렇다면 나 자신의 업무 기량을 계속해서 향상시키는 방법들이 필요하다. 지금까지 말했고 앞으로도 제안할 공부법 가운데서도 굳이 우선순위를 매겨야 한다면 '집필'을 첫손에 꼽겠다. 나는 비교적 다작을 하는 작가에 속하고 집필 주제 역시 대학교수들처럼 특정 주제를 파고드는 스타일이 아니라 여러 주제를 오가며 책을 쓰고 있다. 언젠가 나는 다음과 같은 질문을 던진 적이 있다.

'책 쓰기는 쉽지 않은 일이다. 그런데도 왜 나는 책 작업이 끝나자마자 전혀 다른 주제를 선정해 또 책을 쓰려고 하는가.'

나는 책 쓰기를 통해서 새로운 지식이나 정보를 입수할 수 있고 동시에 특정 주제에 대한 지식을 체계화할 수 있기 때문이라는 결론을 얻어냈다. 한마디로 책 쓰기는 내가 활용하는 강력한 공부법이라는 것이다.

그럼 나는 어떻게 책 쓰기를 공부법으로 활용하는가? 먼저 주제 선정 단계다. 일단은 독자들이 원할 것이냐는 문제도 중요하지만 내가 시간과 에너지를 투입해서 이런 주제를 써보고 싶다는 생각이 우선이다. 그렇다고 해서 독자들의 욕구나 필요를 무시하는 것은 아니다. 따라서 내가 알고 싶은 주제와 독자들이 지금 알고 싶어 하는 주제들이 책의 주제로 선정된다.

이따금 독자들에게 꼭 알려야겠다는 의무감에서 책의 주제가 선택되기도 하지만 이는 드문 경우에 속한다. 쓰고 싶은 책에 대한 모티프는 다양한 장소에서 얻게 된다. 어떤 책을 읽다가 그 책의 특정 내용에서 이런 내용을 글로 한번 써보면 어떨까라는 생각이 들기도 하고 때로는 강연을 하다가 말로 표현하는 일에 만족을 느끼지 못하면 그 주제에 대해 책이 쓰고 싶어진다.

다시 말하면 짧은 시간에 강연하는 것만으로 충분하지 않기 때문에 그 주제에 대해 더욱 자세하게 알고 싶고 체계화하고 싶다는 생각에서 책을 쓰는 것이다. 나는 이동하는 자동차 안에서 주제 선정에 대한 아

172

이디어를 떠올릴 때가 잦다. 주제 선정 때문에 고심하는 경우는 거의 없고 늘 5~6개 주제는 항상 집필 후보로 대기 중이다. 게다가 한 권의 책을 쓰는 일을 마치고 나면 또 다른 책을 쓰고 싶다는 욕심이 들 정도로 책의 주제 후보들은 꼬리에 꼬리를 물고 줄을 선다.

때로는 출판사 편집자들로부터 제안을 받기도 한다. 하지만 현재 그 비중은 초기보다 현저하게 낮다. 그다음 실제 작업이 매우 중요한데 책을 어떻게 구성할 것이냐는 구성도를 그리는 일이다. 건축물을 대상으로 하면 설계 도면에 해당한다. 이 작업은 컴퓨터 작업으로 이루어지지 않으며 철두철미하게 메모하는 방식으로 이루어진다. 메모라고 하지만 그림을 그리듯이 이루어지는 메모 방식이다.

나는 아주 부드러운 펜을 들고 마치 스케치북 위에다 화가가 데생하는 것처럼 유연하게 내 머릿속에 떠오르는 책에 대한 구상을 옮기는 작업을 전개한다. 그림을 그리는 경우와 거의 유사한 방식이다. 4~5가지의 대주제를 정하고 그 주제 아래 어떤 소주제의 글들이 몇 가지나 포함될지를 검토해서 구성도를 짠다.

책의 앞부분에 있는 목차의 초벌이 완성되는 단계다. 나는 이 단계가 매우 중요하다고 생각한다. 책의 전체 얼개가 정확하게 만들어져야 추진력을 가질 수 있다. 이 단계가 명확하지 않으면 책 쓰기는 중간에 포기하기 쉽다. 따라서 전체 도면을 정교하게 짜는 작업이 우선되어야 한다.

나는 그렇게 짠 초벌을 일정 기간을 두고 계속해서 다듬어 나간다. 이 작업 역시 연속적으로 시간을 내서 이루어지는 것이 아니라 들고 다니는 가방 한 곁에 보관된 채 두세 번 정도 검토하는 단계를 거친다. 이런 검토과정에서 도면은 점점 더 명확하게 정리된다.

## 공부법으로서의
## 책 쓰기

구상이 완료된 설계도는 잠시 시간을 내서 워드프로세서 작업으로 컴퓨터에 옮긴다. 원칙은 분명하다. 글자 크기를 줄이더라도 딱 한 장의 도면으로 정리한다. 한 장짜리 책의 도면은 책이 시작되는 날부터 끝나는 날까지 늘 두뇌의 한 곳에서 대기 상태에 들어가게 된다.

대기 상태가 주는 효과는 항상 책 쓰기와 관련된 주제나 사례 그리고 정보들을 끊임없이 끌어당긴다는 점이다. 이때 의식과 무의식을 충분히 활용한다는 사실이 무엇인지를 깨닫기도 한다. 설계도 도면에는 책의 가제목, 구성도, 마감 일자, 총 소요시간이 분명히 기록된다. 이 점은 매우 중요하다. 책 쓰기를 끝마치지 못하는 이유 가운데 하나는 이런저런 이유 때문에 계속해서 일정이 늘어지기 때문이다.

따라서 어떤 경우라도 일정한 시간 내에 책 쓰기를 마무리하기 위해서는 마감 시간을 명확하게 하고 난 다음에 시작해야 한다. 마감 시간에 대한 압박감이 떨어지면 책 쓰기 추진력 또한 크게 떨어진다. 한 장으로 정리된 책 쓰기 도면은 책 집필 작업이 마무리될 때까지 항상 함께 다니게 된다. 때로는 공항에서 혹은 이동하는 차 안에서 한 장의 도면은 진행되는 책 쓰기에 대한 구상을 구체화하고 특정 소주제에 대한 책 쓰기 작업을 추진하는 데 도움을 준다.

또한 도면은 아주 작은 크기의 축소복사를 통해 컴퓨터의 좌측이나 우측에 배치해둔다. 따라서 컴퓨터 작업을 위해 앉게 되면 항상 좌측이나 우측에 있는 도면을 보게 되고 그 도면 위에 책의 진행절차를 확인해가면서 책을 써 내려가게 된다. 이렇게 정교한 과정을 거치게 되면 책 쓰기는 일종의 게임처럼 바뀐다. 그리고 하나하나 그 내용을 챙겨가다 보면 자신에게 더 빨리 마쳐야 한다는 압박감도 적절히 줄 수 있고 다음 장을 언제까지 마무리해야 한다는 계획을 세울 수도 있다.

나는 도면에 따라 차근차근 글을 써 내려가다 보면 원고지 1,000매 내외의 책을 쓰고 있다기보다는 작은 주제들을 하나하나 공략해간다고 느끼게 된다. 낮 동안은 분주한 강연 일정에 따라 움직여야 하고 주말에는 자체 프로그램인 자기경영 아카데미를 운용해야 하므로 늘 시간이 부족하다. 따라서 새벽 시간에 집중적으로 책을 쓰는 것은 나의 오랜 습관이다. 전업 작가가 아니므로 일주일에 하루나 이틀 정도 아무런 일정이 잡히지 않을 경우는 그야말로 하루 온종일 책 쓰기에 몰입할 수 있다.

나는 비교적 싫증을 자주 내는 스타일의 사람인지라 일정 기간이 지나고 나면 특정 주제에 대해 흥미를 잃어버리기 때문에 가능한 일정한 기간 집중적으로 책 쓰기를 진행하고 마무리하는 일에 익숙한 편이다. 사실 내가 다양한 주제로 글쓰기를 하는 중요한 이유 가운데 하나는 나름의 재미있는 삶을 위해서다. 좋은 책을 쓰는 일도 매우 중요하지만 이보다 앞서 해결해야 할 점은 스스로 책 쓰기를 좋아할 수 있어야 한다는 점이다.

나는 흥미를 잃어버린 다음 의무감에서 계속 책을 쓰는 것은 아주 위험한 일이라고 생각한다. 사는 것이 재미있어야 하는 것처럼 책 쓰기도 재미있어야 한다. 이제 내가 조직을 떠난 지도 10여 년이 되어간다. 초기의 책 쓰기와 지금의 책 쓰기에 큰 차이가 있다면 주제 선정이다. 내가 써보고 싶은 주제에 더 큰 비중을 두게 되었다는 점이다.

나이 50대를 넘어서면서 인생 후반전의 프로젝트로 시작한 체계적인 고전 읽기와 그 결과물인《공병호의 고전 강독》역시 스스로 성장함과 아울러 재미있게 살아가기 위해 선정한 책 쓰기 주제다. 책 쓰기는 나에게는 취미이자 특기, 그리고 직업이자 공부법이라 할 수 있다.

## 살아가는 이유를 확인하는 작업

나에게 책 쓰기 효과는 학생들의 시험 준비와 거의 비슷하다. 그러니까 특정 주제에 대해서 기존의 정보와 지식을 체계화하고 나름의 견해나 의견을 가질 수 있는 뛰어난 트레이닝 방법이 바로 책 쓰기를 통한 공부법이다.

지금 여러분이 읽고 있는 책은《공병호의 공부법》이다. 공부법 책을 쓰기 전에는 공부법에 관한 잡다한 지식과 정보들이 머리에 흩어져 있었다. 그런데 그런 모든 것들이 책을 쓰는 과정에서 체계적으로 정리된다. 학생들이 기존 지식을 정리함과 아울러 확실히 자기 것으로 만들기 위해 시험이 필요한 것과 마찬가지다.

내가 계속해서 특정 주제를 선택하고 그 주제에 대해 책을 쓰는 중요한 이유는 이것이 정보와 지식을 체계화시켜 나가는 방법이기 때문이다. 책 쓰기가 가진 다른 하나의 매력은 자신의 의견, 주장, 생각을 만들어낼 수 있는 가장 효과적인 방법이라는 점이다. 자신의 의견이나 생각을 훈련하는 데 책 쓰기만한 방법이 없을 것이다. 물론 가벼운 글쓰기가 이런 방법 가운데 한 가지이다. 하지만 책 쓰기 효과에는 미치지 못할 것이다.

권투에 비유해보면 어떨까? 자신의 의견을 만들어내는 데 가벼운 글쓰기가 잽에 해당한다면 책 쓰기는 상대방을 쓰러뜨릴 수 있는 결정적인 일격이다. 그만큼 자신의 의견을 만들어내는 데 책 쓰기만큼 효과적인 방법도 드물다. 한 권 두 권 책 쓰기가 반복되다 보면 머릿속에는 정교한 지적 프레임워크가 만들어진다. 마치 학위 과정을 통해서 학위 논문을 쓰는 것에 비유할 수 있을 것이다.

학자들의 경우엔 학위 논문을 쓴 다음 계속해서 자신의 분야에 대한 논문들을 써가면서 자신만의 지적 프레임워크를 정교하게 만들어간다. 나에게도 중요한 것은 바로 이런 과정이다. 학자들이 학회지를 통해서 자신의 연구 결과물을 세상에 드러내는 것과 마찬가지로 작가는 자신의 책을 통해서 자신의 연구 성과물을 세상에 내놓게 된다.

지적 구조는 두뇌 속의 플랫폼 가운데서 중요한 부분을 차지하고 있을 것이다. 책 쓰기는 이를 정교하게 연마해가는 과정이다. 또한 책 쓰기는 플랫폼의 상부를 차지하는 지식공장을 업그레이드시켜 나가는 체계적인 방법 가운데 하나라 할 수 있다. 그러니까 책을 쓰는 것은 제1공장, 제2공장, 제3공장 등의 수준을 끌어올릴 뿐만 아니라 때로는 완전히 새로운 공장을 건설하는 일이라 할 수 있다.

누구든 자신의 업의 본질이란 게 있다. 나에게 업의 본질은 남들이 생산해내지 못하는 새로운 콘텐츠를 계속해서 만들어내는 일이다. 새로운 콘텐츠를 만들어내는 일은 내가 직업인으로 이 세상에 존재하는 이유이기도 하다. 내 직업의 굳건한 정체성에 해당한다고 할 수 있다. 이런 정체성이 흔들리면 삶의 다른 부분들도 부정적인 영향을 받게 된다. 새로운 콘텐츠를 만들어내는 일은 생계를 위해서나 개인의 자존감을 위해서 그리고 살아가는 이유를 확인하기 위해서도 무척 중요한데, 책 쓰기는 이런 부분에 결정적인 이바지를 하게 된다.


• •

## 쾌락과 고통이
## 함께하는 책 쓰기


내겐 일상에 활력을 불어넣는 것이 바로 책 쓰기다. 새로운 주제를 선택하고 그 주제에 대해 책을 쓰는 과정은 몇 달에 걸쳐 새로운 여행지를 향해 여행을 떠나는 일에 비유할 수 있다. 책 쓰기를 마무리할 때까지는 여행지가 어떤지, 여행에 대한 계획은 갖고 있지만 여행이 어떻게 끝나갈지 알 수 없다. 흥미롭지 않은가.

또한 책 쓰기는 호기심을 충족시키는 멋진 과정이기도 하다. 꼭 실용적인 목적만이 중요한 것이 아니다. 사람은 누구든지 어떤 대상이나 사물에 대해 신기하게 생각할 수 있다. '저건 왜 저럴까?'라고 말이다. 나는 순수한 마음에서 그 호기심을 풀고 싶어 하는 사람이다. 그런 면에서 남에게 해나 폐를 끼치지 않고 자신이 가진 신기함이나 호기심을 풀어가는 방법이 책을 쓰는 일이다.

그뿐만 아니라 책 쓰기는 상당한 인내와 끈기 그리고 집요함을 요구하기 때문에 인간적 성장을 하게 한다. 꾸준하게 책을 쓰는 사람은 나름의 절제 방법을 갖고 있다. 그래서 책 쓰기는 한 인간의 인간적인 성장을 돕는 일이기도 하다. 또한 책 쓰기는 자신이 여기에 살아 있고 여기에서 어떤 이야기를 하고 있음을 알려주는 도구이기도 하다.

사람은 누구든지 자신의 의견이나 생각을 세상에 알리고 싶어 할 뿐만 아니라 세상에 긍정적인 영향력을 발휘하고 싶어 한다. 자신의 주장을 드러내는 방법으로는 칼럼 등과 같은 것들도 효과가 있다. 하지만 책 쓰기는 더 깊은 효과를 낳는다. 누군가에게 긍정의 영향을 미칠 수 있는 것 또한 책 쓰기가 가진 특별한 매력이라 할 수 있다.

마지막으로 책 쓰기는 삶에 엄청난 긴장감을 불러일으킨다. 대부분의 일은 연속성이 있다. 그러니까 누군가 사업을 한다고 가정해보자. 어떤 상품이 히트하고 나면 일정 기간 그 상품의 매출이 계속되리라는 기대를 할 수 있다. 그러나 책을 쓰는 일은 완전히 다른 성격의 일이다. 베스트셀러 작가도 새로운 책의 운명은 예측할 수 없다.

모든 책은 한 권 한 권으로 독자들에게 평가받기 때문에 끝없이 겸손해질 수 있고 한없이 생활에 긴장감을 불어넣을 수 있다. 어제의 성공은 어제의 것이고 오늘의 성공은 완전히 다른 차원의 게임일 뿐이다. 세상에 여러 가지 직업이 있지만, 마지막까지 처음 시작하는 벤처 사업가처럼 살아가는 직업은 흔하지 않을 것이다. 책 쓰기의 쾌락과 고통은 늘 새로운 마음으로 승부를 해야 하고 그런 긴장감을 갖고 살아가야 하는 데서 온다.

## 잘 아는 것으로부터
## 출발하라

그럼 어떻게 책을 쓸 것인가? 책을 쓰는 일은 심리적 저항이 대단히 강한 일 가운데 하나다. 다시 말하면 처녀작이 중요하며 한번 책을 쓰는 데 성공하면 그다음에는 다소 쉬워진다. 하지만 첫 번째 책을 쓰는 일은 어쨌든 어렵다. 실력도 실력이지만 스스로 '과연 내가 책을 쓸 수 있을까?'라는 의문에서 벗어날 수 없다.

책 쓰기의 출발은 어떤 주제로 책을 쓸 것인가를 결정하는 일이다. 많은 분이 나에게 자주 묻는 말 가운데 하나가 어떤 주제로 책을 써야 하는가이다. 우선은 자신이 잘 아는 분야에서부터 책 쓰기가 시작되어야 한다. 만일 여러분이 오랫동안 한 분야에서 일을 해왔다면 그것은 얼마든지 책 쓰기의 주제로 선택될 수 있다. 책 쓰기가 실패하는 중요한 이유 가운데 하나는 잘 모르는 분야를 택하기 때문이다.

내가 조직을 떠나 작가로서 데뷔한 책은 《공병호의 자기경영노트》이다. 이 책은 '자기경영'이란 주제를 유행시키는 데도 상당한 역할을 한 작품이다. 이 책의 출발점 역시 내가 익숙하고 잘 알고 누구에게나 설명할 수 있는 주제의 선택이었다. 물론 책 쓰기가 거듭되면서 잘 알지 못하는 주제를 선택해서 공부하면서 쓸 수도 있지만, 첫 번째 책만큼은 무조건 잘 아는 분야에서 선택되어야 함을 강조해두고 싶다.

책 주제를 선택할 때 자신이 잘 아는 분야 가운데서 독자들 또한 알고 싶어 하는 주제라면 더없이 좋다. 책 역시 하나의 상품이기 때문에 잘 팔려야 한다. 책이 전혀 읽히지 않는 것도 난감한 일이자 자신의 노력이 물거품이 되는 것이다. 요컨대 책의 주제를 선택하는 일은 공급 측면에서 보면 내가 잘 아는 주제를 그리고 수요 측면에서 보면 독자들이 알고 싶어 하는 주제를 고려하는 일이다.

나의 경우엔 8할 이상이 나의 머리로부터 나온다. 독서 중에, 생각 중에, 관찰 중에 '이런 주제로 책을 써보면 어떨까?'라는 생각이 떠오르게 되는데 이런 아이디어는 간단한 메모지에 제목 정도로 옮겨 보관한다. 그러나 이런 책을 쓰면 좋겠다는 생각 때문에 당장 책 쓰기에 달려들 수는 없다. 때로는 기분이나 열정이 이성을 압도하는 때도 있다. 따라서 아이디어는 일정한 시간을 두고 숙성 과정을 거쳐야 한다.

다음으로 필요한 일은 전체적인 그림을 잡는 일이다. 책 쓰기는 일정한 얼개가 필요하다. 집을 지을 때 건축도면이 필요한 것과 마찬가지로 책에도 책 도면이 있어야 한다. 처음부터 정교할 수는 없지만 얼개를 분명히 갖고 있어야 한다. 앞서 이야기했듯 나는 마치 화가가 스케치하듯이 종이 위에 써 내려간다. 스케치 작업은 대개 딱 한 장에 모든 것을 담는다. 그리고 비닐 파일에다 넣어 가방에서 손이 닿기 쉬운 곳에 보관해둔다. 이동하면서 틈틈이 두세 번 정도의 보완작업을 거치면 전체 얼개가 완성된다.

책 쓰기의 그다음 작업은 시간을 내서 컴퓨터 앞에서 정식으로 책의 목차를 확정하는 작업이다. 한 장으로 책의 목차를 정리한다. 정확하게 정리된 한 장의 목차는 몇 달 동안 진행될 책 쓰기라는 작업 전부를 포함하고 있다. 책 제목, 큰 목차, 작은 목차, 시작 시각, 끝나는 시간, 총 소요시간 등이 한 장에 포함되어야 한다.

여기서 중요한 또 한 가지 사항은 책 쓰기는 자신과 맺은 약속에 따라 엄격하게 진행되어야 한다는 것이다. 약속시각을 두고 이를 지켜내기 위해 적절한 압박감을 자신에게 부과하는 일은 반드시 필요하다. 또한 목차 옆에 한 가지 더 추가되어야 할 정보가 있다. 그것은 장마다 필요한 글의 분량이다.

대개 책은 200자 원고지 1,200장 내외로 만드는데 이 분량에 맞춰 1장에는 200장, 2장에는 300장 등과 같은 순서로 큰 장마다 기준이 되는 분량을 정하게 된다. 이런 과정을 거치고 나면 완성되지 않은 책이라 하더라도 머릿속에 완성된 책의 꼴로 거의 정리될 것이다.

이처럼 한 장에 책의 전체 얼개를 워드프로세서로 정리하는 일을 전후해서 추진해야 할 일이 한 가지 있다. 그동안 읽었던 책이나 논문 혹은 기사들 가운데서 책을 써 내려가는 데 도움이 될 수 있는 모든 것을 한군데 모으는 일이다. 책꽂이에 일정한 공간을 확보해서 책 읽기에 필요한 관련 서적과 자료들을 모아두면 크게 도움이 된다. 나는 그동안 읽었던 것 중 책 쓰기에 조금이라도 도움이 될 수 있는 모든 것들을 특정 공간에 모은 채 작업에 들어간다.

잘 아는 주제를 선택하더라도 추가적인 공부가 필요하다. 나는 기존 자료도 모으지만 다양한 검색 방법을 동원해서 쓰려고 하는 주제에 대한 서적이나 자료를 짧은 시간 안에 모은다. 구매 가능한 책들을 사고 중요한 논문들을 복사해서 집중적으로 모은다. 이때 입수된 자료들은 꼼꼼히 읽기보다는 요약해서 읽는 형식으로 새로 모은 대부분 자료를 읽어둔다. 이 정도 마무리하고 나면 책 쓰기 준비는 웬만큼 완성된다.

## 노하우를 알면
## 책 쓰기도 쉽다

이제 남은 과제는 책을 어떻게 쓸 것이냐는 점이다. 나는 강연 일정이 많고 중간중간 강연이 없을 때가 잦다. 어떤 경우에는 일주일 동안 단 한 줄도 책을 쓸 수 없을 정도로 시간에 쫓길 때도 있다. 이런저런 활동에 시간을 쏟으면서도 계속해서 책 쓰기 작업을 하는 방법 가운데 하나는 책을 전체로 접근하지 않고 60~70개 정도의 작은 프로젝트들의 합으로 접근하는 것이다.

예를 들어, 원고지 1,200매면 대단한 프로젝트로 생각되지만 이를 60개의 작은 프로젝트로 나누어보자. 각 프로젝트가 원고지 20매 분량이면 총 원고 분량은 1,200매가 된다. 작은 책 쓰기 프로젝트들의 합으로 책 쓰기에 접근하면 책을 쓰는 일은 원고지 20매 내외의 작은 글쓰기 작업으로 바뀌게 된다.

따라서 처음에 책 얼개를 정확히 잡은 상태에서 작은 책 쓰기 작업이란 원칙만 분명히 지키면 책 쓰기는 즐겁고 유쾌하고 누구든지 도전해볼 만한 것으로 바뀌게 된다. 조금이라도 시간이 남을 때면 책을 쓰기 위해 끙끙대는 것이 아니라 원고지 20매 분량의 작은 프로젝트를 수행한다고 생각하면 얼마든지 책을 쓸 수 있다.

그럼 20매 분량은 어느 정도일까? 신문 칼럼이 대개 원고지 10매 분량이다. 이 분량의 2배 내외의 글쓰기를 계속하는 것이 바로 책 쓰기 작업의 기본에 해당한다고 생각하면 된다. 이로써 두꺼운 책을 써야 한다는 심리적 중압감을 벗어나는 것만으로도 책 쓰기에 관한 부담을 한결 덜 수 있다.

나는 마치 세 끼 밥을 먹듯이 시간만 나면 원고지 20매을 메워나가는 작업을 계속한다. 그렇게 작은 책 쓰기 프로젝트가 완성되면 항상 마침 표시를 한다. 이는 또 하나의 멋진 방법이다. 동기부여를 할 수 있기 때문이다. 60개가 연속적으로 하루에 하나씩 이루어지게 되면 총 집필 기간은 2개월, 띄엄띄엄 이루어지게 되면 3개월에서 4개월 정도가 소요된다.

사람마다 특정 주제에 대해 집중할 수 있는 정도가 다르기에 기간은 나름대로 정하면 된다. 그리고 너무 완벽한 책을 써야겠다는 부담감으로부터 자유로운 것이 좋다. 운동할 때처럼 지나치게 좋은 기록을 내야겠다고 생각하면 모든 기능이 경직되고 그 결과는 기대하는 성과를 거둘 수 없다. 그래서 그냥 내가 알거나 말하고 싶은 것을 자연스럽게 풀어놓는다고 생각하고 글쓰기를 해나가면 된다.

책 쓰기의 초벌이 완성된 다음 두세 번 정도 고치는 작업을 진행할 때 더 정교하게 다듬어나가면 된다. 처음 쓸 때는 가능한 부담을 줄이는 일이 도움된다. 내가 다작을 하면서도 지치지 않고 새로운 주제들을 공략하고 2011년 봄부터는 고전 읽기라는 대형 프로젝트를 시작할 수 있었던 데는 내 나름의 독특한 점이 있기 때문이다. 그것은 책 쓰기라는 전체 프로세스를 하나의 정교한 시스템으로 만들어내는 데 성공했기 때문일 것이다.

어떤 운동선수가 시합을 염두에 두고 기량을 닦아나갈 때는 일정한 프로세스를 따른다. 어떤 학자라도 마찬가지다. 논문을 쓸 때에는 자신만의 특별한 절차에 따라 논문을 만들어가게 된다. 아마도 계속해서 지칠 줄 모르고 논문을 만들어내는 학자 역시 논문 쓰기와 관련해서 자신만의 시스템을 갖고 있을 것으로 추측한다. 그런 시스템이 계속해서 업그레이드되어야겠지만 이처럼 책 쓰기 시스템이 일단 완성되고 나면 그 다음에는 책 쓰기가 한결 쉬워지는 것이 사실이다.

제4장

# 완벽한 지식 라인, 지적 근육 만들기

"공병호식 공부법은 그다지 유난스럽지도 특별하지도 않다.
다만 스스로 구하고 스스로 찾아내야 하는 것들로서
직접 시도해보기, 여행하기, 아이디어 스케치하기 등을 통해
작지만 뚜렷한 성취를 얻을 수 있다.
또한 모든 과정이 자연스럽게 좋은 습관,
좋은 습성으로 자리 잡는다면
그야말로 완벽한 지식 라인을 생성하면서
나만의 튼튼한 지적 근육이 만들어질 것이다."

# 01

# 온몸으로 하는 공부
# '직접 시도해보기'

· ·

## 내 삶에
## 새로움을 더하라

여러분이 그동안 알지 못하던 새로운 정보나 지식을 접했다고 해보자. 그때 후속조치를 얼마나 신속하게 취하는가? 내가 보기에 일반인들은 새로운 정보나 지식을 자신의 것으로 만드는 데 대단히 더디거나 꾸물거린다. 이따금 강연장에서 이런 부탁을 해본다.

"여러분이 오늘 집으로 돌아가시면 배운 내용대로 즉시 실천에 옮긴 다음, 그 결과를 저에게 이메일이나 트위터로 알려주시기 바랍니다."

응답률은 높지 않다. 물론 예외적인 사람들도 있지만, 대다수 사람은 새로운 것을 배우게 되었을 때 자신의 것으로 만드는 후속조치에 보수적이다.

나는 몸으로 무엇인가 새로운 것을 시도하는 데는 보수적이다. 그러니까 새로운 운동을 배울 때 정해진 방법 이외에 다른 방법을 익혀 자신의 것으로 만들어내는 데는 더딘 편이다. 반면에 내가 하는 일에 관한 새로운 것을 배우고 익히는 데는 무척 열심이다. 지나치다고 할 정도로 열심이다. 그래서 재정적으로나 육체적으로 크게 위험을 감수해야 할 일이 없다면 이것저것 다양한 실험을 해본다.

물론 이 같은 새로운 시도의 경우에도 다양하고 소소한 위험이 따른다. 그런 위험들은 주로 시간, 금전, 혹은 평판의 손실로 나타난다. 하지만 크게 내 삶에 위협을 가하는 것들은 없다. 예를 들어, 업무를 개선하는 새로운 방법을 시도해본다고 해서 큰일이 나는 경우는 없지 않은가? 나는 위험의 양이 아주 크지 않다고 판단하면 무엇이든 아주 과감하게 새로운 일을 시도한다.

만일 내가 누군가로부터 새로운 정보를 듣거나 강연자에게서 새로운 사실을 알게 되었다고 가정해보자. 당연히 나는 그 장소를 벗어나자마자 새롭게 취득한 정보가 맞는 것인지 아닌지를 확인해본다. 그리고 그런 정보나 지식이 나에게 어떤 긍정적인 영향을 끼치게 될지를 따져본다. 그런 다음에 나 자신의 지식으로 만드는 데 필요한 후속조치들을 반드시 취한다.

내가 경험을 통해서 알게 된 것은 새로운 것을 머릿속으로만 자꾸 맴돌게 해서는 배울 가능성도 줄어들고 성장 가능성도 줄어든다는 사실이다. 많은 사람이 그렇게 해봤자 소용없다는 말을 습관적으로 늘어놓곤 한다. 그러니까 상식적으로 그런 터무니없는 시도는 해봤자 실패할 것이 뻔하기 때문에 괜한 고생을 할 필요가 없다고 믿는다.

그러나 나는 이런 통념을 거의 받아들이지 않는다. 만일에 통념이 올바르다면 세상에 새로움을 더할 수 있는 것은 거의 없을 것이다. 이제까지 많은 사람이 설령 비슷비슷한 방법을 사용해왔더라도 과거의 상황과 지금의 상황이 다르다면 얼마든지 새로운 시도가 기대 이상의 결실을 낳을 수 있다고 생각한다.


## 기회는
## 새로운 시도에 있다

공부에서도 청년정신, 실험정신, 도전정신은 중요하다. 미지의 세계를 개척하듯이 힘차게 계속해서 나아가는 것이 공부에서도 꼭 필요하다. 이를 제대로 표현한 사람은 미시간 경영대학원 교수이자 GE의 경영개발센터를 이끌었던 노엘 티치Noel Tichy 교수다. 그는 세 개의 동심원을 이용해서 가장 안쪽에는 '안전영역comfort zone'을 두고, 중간에는 '성장영역learning zone'을 두고, 마지막 외관은 '공황영역panic zone'으로 나눈다.

우리가 익숙하고 편안하게 여기는 '안전영역'에 머물고 만다면 결코 발전하거나 성장할 수 없다. 계속해서 의도적으로 안전영역을 벗어나기 위해 노력해야 한다. 공부법이란 측면에서도 매우 중요하다. 스스로 안전영역을 벗어나서 성장영역으로, 그리고 성장영역을 벗어나서 이따금 공황영역에 머물러 있도록 채찍질해야 한다. 쉬운 일은 아니지만, 꼭 필요하다고 판단하면 의도적으로 자기 자신을 '공황영역'에 두는 일도 큰 도약에는 반드시 필요하다. 특히 젊은 날에는 말이다.

그런데 직접 해보기에서는 두 가지 점을 분명히 해야 한다. 처음부터 정교하게 계획된 방법을 사용할 수도 있다. 하지만 약간의 가능성만 있다면 한번 시도해본다는 식으로 가볍게 대하는 것이 좋다. 너무 부담을 느끼게 되면 시작이 어렵기 때문이다. 늘 그런 태도나 마음가짐이 필요한 것은 아니지만 때때로 영어 표현인 '그럭저럭 해보다muddle through'라는 느낌으로 시도해보는 것도 의미가 있다. 우리 속담 중 '밑져야 본전이다'가 이런 경우엔 딱 들어맞는다.

이런 시도 중에 이루어진 이른바 헛발질, 즉 아무런 도움이 되지 않은 것처럼 보이는 경험조차도 길게 보면 여러 가지 긍정적인 결실을 낳게 된다. 자꾸 시도해보아야 한다. 그런 시도만으로도 크게 배우게 된다. 단기적으로 불필요하게 보이는 경험들이 중장기적으로는 크게 도움을 주기 때문이다.

인생은 수학 문제를 풀듯이 해서 답을 얻을 수 있는 것이 아니다. 그저 이런저런 시도들을 큰 부담감 없이 하다 보니까 기회도 찾아내고 좋은 해법도 발견해내게 되는 것이다. 그리고 직접 해보기를 시도하면서 아무런 생각 없이 하는 것은 별다른 효과가 없다는 점을 유념해야 한다.

직접 시도해보기를 통해서 자신의 시도가 이루어지는 동안의 변화를 주의 깊게 그리고 세심하게 들여다보는 노력이 있어야 한다. 이른바 주의 깊은 '자기관찰'을 말한다. 마치 제3자가 자신을 유심히 들여다보는 것처럼 자신을 관찰하는 일이 필요하다.

예를 들어, 여러분이 고객에게 신상품을 판매하는 경우를 생각해보자. 외견상 세일즈 활동에 속하지만 이것을 공부로 받아들일 수 있다.

우선 사람들이 어떻게 반응하는가를 살피고 자신이 어떻게 대처해야 하는가를 고민한다. 그리고 더 나은 결과를 끌어내기 위해 자신의 시도 과정을 처음부터 끝까지 꼼꼼하게 살펴보고 다음에는 이런 부분을 고쳐서 다른 방법으로 시도해봐야겠다는 결과를 얻어낼 수 있을 것이다.

결국 매사를 공부법이란 개념을 갖고 자기관찰, 개선, 혁신이란 의미로 받아들이면 완전히 다른 일로 바뀌게 된다. 그러니까 여러분이 성과를 끌어올리기 위해 하는 일이라면 무엇이든 얼마든지 흥미진진한 공부 대상으로 바뀔 수 있다.

여러분이 직접 해보는 것에 대해 남들이 수군거리면 수군거릴수록 더 많이 배울 수 있고 더 큰 결과를 얻어낼 가능성이 높아진다. 직접 해보기가 누구에게나 쉬운 일이거나 재미있는 일이었다면 어땠을까? 아마 여러분에게 기회는 남아 있지 않을 것이다. 남들이 다 가기를 원하는 길에 무슨 기회가 남아 있겠는가? 새로운 시도는 도약을 가져오는 지름길이며 훌륭한 학습법이기도 하다.


• •

## 직접 해봐야
## 즐길 수 있다


직접 해보면서 배우기는 어떤 효과가 있을까? 우선 여러분이 행하는 일의 처음부터 끝까지를 속속들이 파악할 수 있다. 처음부터 끝까지 일이 어떻게 돌아가는지, 현안 과제가 무엇이며 어떻게 해결할 수 있는지 등에 대해 일목요연하게 머릿속에 집어넣을 수 있다.

업무를 완벽하게 장악하기 전에 손쉬운 방법을 선택하는 사람들이 있다. 바로 권한위임을 통해서다. 웹 기반 소프트웨어 업체 37시그널의 창업자인 제이슨 프라이드와 데이비드 하이네마이어 핸슨은 조금 힘들다고 해서 본인의 일을 타인에게 맡겨버리는 사람들에 대해 다음과 같이 경고한다.

"자기 일의 모든 측면을 제대로 알지 못하고서 인력을 고용하면 남의 손에 자기 운명을 맡기는 셈이다. 참으로 위험한 짓이다."

그리고 그들은 한 걸음 더 나아가 말한다.

"일단은 인력을 고용하지 말고 당신 스스로 하라. 그래야 그 일의 본질을 이해할 수 있다."

여러분이 어느 정도 일에 익숙한 단계라면 직접 해보기가 가진 장점은 무엇일까? 그것은 현장감을 유지하는 데 크게 이바지한다는 점이다. 관리자는 조직이 커질수록 서서히 현장과의 괴리가 생겨난다. 이때 그 틈을 얼마나 줄여나갈 수 있는지가 중요하다. 그러기 위해서 가장 필요한 것이 직접 해보기를 포기하지 않는 일이라 하겠다. 내가 가진 원칙은 가능한 핵심 기능은 직접 하기다.

물론 고된 면이 있다. 하지만 이것은 현장에 대한 감각을 유지하도록 도와준다. 또한 직접 해보기는 DIY 가구를 만드는 것과 비슷한 효과를 낳는다. 사람들은 이미 만들어진 가구를 편리하게 돈을 지급하고 살 수도 있지만, 자신이 직접 만드는 과정을 경험하면서 즐거움과 유쾌함을 경험하게 된다. 직접 해보면 타인에게 맡기면 도저히 가질 수 없는 깊은 재미를 느낄 수 있다.

이 책에서도 여러 번 언급한 바와 같이 사업가든 작가든 간에 자신이 하는 일에 재미를 잃어버린다는 것은 무척 위험한 일이다. 사실 나는 그런 체험을 40대를 전후해서 진하게 경험한 바가 있다. 연구직에서 3년 정도 관리직으로 전직한 이후에 외견상 승진과 승승장구하는 일들이 이어졌음에도 스스로 콘텐츠를 만들어내는 일에 등한히 함으로써 재미라는 부분을 잃어버렸던 것이다.

물론 나이가 들고 직위가 높아지게 되면 과거처럼 일일이 모든 일을 할 수도 없고 해서도 안 된다. 하지만 직접 해보기를 통한 공부법은 반드시 스스로 갖고 있어야 한다. 스스로를 지루함으로 몰아넣지 않는 예방책이기도 하고 지루함이 가져올 수 있는 더 큰 위험을 방지하는 예방책이기도 하다.


## 내 인생의 기회포착,
## 일단 저지르라

직접 해보기는 이론지식이 아니라 경험지식을 갖는 데 큰 도움이 된다. 그 과정에서 축적되는 강도나 밀도는 엄청나다. 사실 현장 경험을 통해서 배울 수 있는 것들이 꽤 많다.

나는 이론지식과 경험지식 사이의 격차를 누구보다도 예민하게 느낀다. 물론 모두가 많은 시간을 현장 체험을 하면서 보낼 순 없다. 그럼에도 가능한 현장에서 직접 해보는 일의 중요성은 아무리 강조해도 지나친 법이 없다. 또한 눈으로 배우는 것, 귀로 배우는 것, 손으로 배우는 것이 있다면 온몸으로 배우는 방법이 있다. 직접 해보면서 배우는 것은 온몸으로 배우는 방법에 속한다. 그렇게 배운 지식이나 경험은 쉽게 사라지지 않고 오래도록 깊이 자신에게 체화된 지식으로 남게 된다.

그래서 일부 나이 든 사람들이 젊은이들에게 "밑바닥에서 기어 올라올 각오를 단단히 하라"는 조언을 아끼지 않는 것이다. 그들은 현장에서 직접 해보면서 배우는 지식이 얼마나 중요한지를 잘 알고 있기 때문이다. 현장 밑바닥에서부터 기어오르는 과정에서 얻은 경험들은 조금만 정밀하게 접근할 수 있다면 귀한 경험지식으로 바꾸어놓을 수 있다. 여기서 정밀한 접근이란 자기관찰과 성찰과 개선 방법을 동반한 그런 과정을 뜻한다. 직접 해보기는 미지의 세계에 한 발자국을 내딛는 것을 뜻한다. 그것도 생각만이 아니라 실천을 통해서 말이다. 그래서 이는 과감한 공부법에 속하는 셈이다.

직접 해보기는 미지의 가능성의 문을 열어주는 것이기도 하다. 자신도 예상할 수 없었던 기회를 포착하도록 돕는다. 우연한 시도에서 사업상의 기회를 잡는 일이 가능하다. 약간의 행운이 함께한다면 누구든지 새로운 세계로 나갈 기회의 문을 여는 열쇠가 바로 직접 해보면서 배우는 것이다.

나 또한 인생 항로를 크게 틀어버리게 된 사건, 그리고 새로운 기회를 찾아서 기존의 경력을 버리고 새로운 길을 찾아 떠나게 된 사건도 남들이 시도하지 않은 길에 직접 뛰어들어 새로운 것을 해보는 과정, 즉 새로운 것을 배우는 과정에서 발견하고 일어난 일들이었다. 나이키의 슬로건처럼 '직접 해봐Just do it'라는 것은 정말 역동적인 공부법 가운데 하나다.

작은 시도를 매일매일 꾸준히 해나가는 사람이라면 언젠가는 예상치 못한 결실을 낳는 것을 목격할 수 있을 것이다. 이런 점에서 직접 해보면서 공부하기는 매력적인 공부법임이 틀림없을 뿐만 아니라 누구든지 특별히 사전 준비 없이 지금 당장 시작할 수 있는 공부법이기도 하다.

"무엇이든 큰 위험이 따르지 않는다면 일단 저질러보라."


## 할 수 있는 한
## 직접 하라

공부법에서 직접 해보기를 활용하는 방법으론 어떤 것이 있을까? 여러분이 생각하기에 조금이라도 가치가 있다고 생각하는 일이거나(시야를 멀리까지 확대해보라), 남들이 귀찮아하는 일이거나, 완전히 새로운 일이라면 직접 자신의 손과 발 그리고 머리를 써서 직접 해보는 것을 생활화해보라.

일이라고 생각할 것이 아니라 직접 하면서 배운다고 생각해보라. 결국 무엇인가를 할 때 스스로 어떤 의미를 부여하는가가 중요하다. 생계 그 이상을 생각할 수 있다. 그렇게 자신을 설득할 수 있다면 많은 것을 배울 수 있고 많은 기회를 잡을 수 있을 것이다.

그리고 직접 할 수 있거나 해야 하는 것으로 생각하면 타인에게 넘기지 않도록 하라. 물론 자리가 올라갈수록 권한 위임이 필요한 일들이 있다. 그러나 자신의 업무 가운데서 핵심에 해당하는 일이라면 타인에게 위임하는 데는 신중해야 한다.

사람들은 자기 합리화에 능하다. 예를 들어, 자신이 직접 하는 것이

좋은데도 불구하고 지위가 높아지거나 약간의 여유가 생기면 타인에게
넘길 이유를 찾는 데 익숙하다. 그럴 때면 위임할 진짜 이유가 있는지
아니면 편하게 쉬고 싶어서인지를 엄격하게 구분할 수 있어야 한다.

핵심 업무라면 가능한 한 오래오래 스스로 할 수 있어야 한다. 그것
은 단순히 일이 아니라 생각하기에 따라서는 얼마든지 학습이 될 수 있
기 때문이다. 핵심 기능을 타인에게 위임해버리는 것은 학습 기회를 스
스로 버리는 것을 뜻한다.

물론 핵심 업무에 대한 감각을 잃어버림으로써 놓치게 되는 여러 기
회 가치까지 포함하면 피해는 눈덩이처럼 커진다. 게다가 자신이 누릴
수 있는 귀한 재미를 스스로 포기하는 일이기도 하다. 물론 직접 해본
다고 해서 모든 것이 공부로 연결되는 것은 아니다. 직접 해볼 때 특별
한 습관이 더해져야 한다. 그것은 절대로 어떤 일이든지 간에 기계적으
로 행하지 말아야 함을 뜻한다. 늘 더 잘할 방법을 궁리하면서 직접 해
볼 때만 공부가 된다.

여러분은 학창시절에 공부할 때나 이제까지 전문가로서 기량을 닦아
오면서 공통적으로 한 가지 사실을 경험했을 것이다. 그것은 공부를 하
면 할수록 공부해야 할 것이 늘어난다는 사실이다. 반대로 대충 자신이
하는 일을 잘 알고 있다고 가정하는 순간 배워야 할 것들은 눈에 들어
오지 않는다. 따라서 익숙한 일이라 하더라도 새로운 시선으로 바라봐
야 한다. 그리고 늘 더 나은 방법이란 찾으면 찾을수록 새롭게 나온다
는 사실을 잊지 말아야 한다.

그동안 경험해보지 않은 완전히 새로운 일에 도전해볼 수 있다면 정
말 많은 것을 배울 수 있을 것이다. 그런데 이때도 늘 심리적인 저항감

이 생기게 된다.

"돈을 더 받는 것도 아닌데 굳이 내가 나설 필요가 있을까?" "이미 나는 충분히 열심히 하고 있는데, 왜 내가 나서야 하지?"

그러니까 새로운 일을 시작할 기회를 갖게 되면 여러분 마음속에서는 하라고 주장하는 한편과 할 필요가 없다고 말하는 또 다른 한편이 격렬한 전투를 치르게 된다. 대개는 할 필요가 없다고 생각하는 편이 승리를 거둔다. 아마도 그 반대편이 승리하는 일이 자주 일어난다면 개개인은 한결 쉽게 더 나은 미래를 만들어갈 수 있을 것이다.

・・

## 좋은 습관을
## 좋은 습성으로

새로운 일을 직접 해보면서 배움을 구하고 기회를 찾는 일은 한 개인에게는 습관이라고 생각한다. 사람이 가질 수 있는 다양한 습관들 가운데서도 자신의 삶과 운명을 크게 바꿀 수 있는 작지만 결정적인 습관 가운데 하나가 새로운 일을 직접 해보면서 공부하는 습관일 것이다. 사실 새로운 일을 시도하는 일은 늘 불확실성과 함께한다. 그것을 한다고 해서 당장 이익이 남는 경우는 거의 없다.

대다수 사람이 가진 본능, 즉 장기이익보다는 단기이익을 앞세우는 것을 극복할 수 있는 사람은 최소한 다수는 아니다. 어쩌면 소수 중의 소수다. 나는 여러분이 이런 소수 중의 소수에 꼭 포함되기를 바란다. 나의 경험은 주관적일 수 있다. 그럼에도 지난날을 되돌아보면 결정적인 깨달음이나 생생한 지식은 누구도 선뜻 나서려 하지 않는 일을 직접 해보면서 얻어진 것들이다. 그 가운데 일부 도전은 삶의 방향까지 크게 바꾼 대사건이기도 했다.

직접 해보면서 배운 사람들은 누가 권하지 않더라도 새로운 일을 찾아서 직접 도전해보고 배우는 것이 몸에 완전히 배어 있다. 그들은 이론이 아니라 실제를 통해 배우는 것이 얼마나 귀중한 것인가를 뼈저리게 깨닫고 있기 때문이다.

세상살이에서 누구도 "이게 당신 몫으로 마련되어 있던 것이요"라고 가르쳐주지 않는다. 스스로 구하고 찾아내야 한다. 처음에는 다소 황당하게 보였던 것들이 기회가 되고 또 그 기회가 기회를 낳아 위대한 기적이 만들어진다. 따라서 당장 이익이 되지 않더라도 자꾸 시도해봐야 한다.

새로운 시도를 하는 게 힘들고 어렵다면 관점을 바꾸어보라. 모든 시도에는 배울 점이 있다고 말이다. 우리 두뇌는 새로운 시도에서 무엇인가를 남길 수 있다는 사실을 확인하게 되면 이를 정확히 기억한다. 그리고 이런 과정을 알아서 반복하려고 든다. 이런 과정이 한 번 두 번 축적되다 보면 새로운 시도를 통해 배우는 일은 특별한 일이 아니라 일상의 한 부분이 될 것이다. 습관이 습성으로 자리를 잡는 셈이다.

# 02

# 크게 보기 위해 떠나는
# '여행하기'

## 아는 만큼 보이는
## '여행하기'

　　나는 여행을 좋아한다. 하지만 젊은 날에는 경제적인 여유가 없어서 못했다. 이제는 경제적 여유가 어느 정도 생겼지만 시간이 없어서 못한다. 그럼에도 강연 일정이 잡히지 않은 날에는 가능한 여행을 하려고 한다. 나에게 여행은 새로운 만남이자 체험이자 지적 자극이지만 무엇보다 생생한 공부다. 여행을 갈 때면 나는 두 가지 면에 특별히 관심을 둔다. 하나는 과거의 역사이고 다른 하나는 현재를 살아가는 사람들의 모습과 그들이 만들어내는 새로운 것들이다.

　　누군가 '행복'이란 계획을 세우고 실행하고 추억하는 것이라는 표현을 사용한 적이 있었다. 나는 여행이 그 '행복'에 꼭 들어맞는 표현이라고 생각한다. 나는 국내든 국외든 여행지가 정해지면 반드시 가는 곳에 대한 사전 준비를 한다.

사전 준비란 그곳의 과거 역사와 현재 모습 등에 대한 정보를 취하는 것이다. 사전 준비가 어느 정도 철저하냐에 따라 여행에서 배울 수 있는 것은 상당한 차이가 난다. 이를 위해 관련 서적을 읽는 것도 한 가지 방법이지만 요즘은 워낙 웹에서 찾을 수 있는 정보가 많아서 어디서라도 노력하면 충분한 정보를 얻을 수 있다.

먼저 우리가 어떤 장소를 방문하게 되면 그곳을 일생에 몇 번이나 방문할 수 있느냐는 질문을 던져보자. 역사적인 장소인 경우는 대개 한 번 정도로 충분할 것이다. 많이 방문하면 두 번 정도일 수도 있지만 이런 경우도 매우 드물다. 다시 말하면 우리가 한평생을 살면서 방문할 수 있는 곳은 매우 제한되어 있다는 것이다. 따라서 특정 장소를 여행할 때면 단 한 번뿐인 기회라는 마음가짐을 갖는 것만으로도 여행 준비를 착실히 할 수 있는 동기를 부여받는 셈이 된다.

나는 호기심이 강하다 보니 여행에서도 어김없이 그 호기심을 마음껏 발휘한다. 가능한 한 많이 보려고 노력한다. 눈을 스쳐가는 여러 광경 중에서 특별한 것이 있다면 항상 짧게 메모를 해두거나 카메라로 담아둔다. 눈을 뜨고 있다고 해서 모두가 눈을 뜨고 있는 것은 아니다. 어떤 의미를 두고 대하는가에 따라 볼 수 있는 것들도 있지만, 그저 스쳐 지나쳐버리는 것들도 있다. 가능한 모든 것을 눈으로 그리고 가슴으로 담을 수 있도록 해야 한다.

나는 특히 국외여행인 경우, 현지에 도착하면 현지 음식을 먹고 편견이나 선입견을 품지 않고 사람들이 살아가는 모습을 그대로 이해하려 노력한다. 그리고 가능한 한 많이 걷는다. 골목골목 걸어다니면서 본 것들이 오랫동안 뇌리에 생생하게 남는 경험을 자주 했기 때문이다.

그뿐만 아니라 팸플릿이나 현지에서 만나는 모든 정보, 이를테면 되도록 현지 신문을 보고 그곳에서 일어나는 상황을 점쳐본다. 이때도 나의 공부법은 어김없이 작동한다. 신문이든 팸플릿이든 간에 괜찮은 정보라면 오려서 한곳에 보관해둔다. 물론 붉은 펜으로 관련 정보에 뚜렷하게 표시를 해두는 것도 잊지 않는다.

나는 여행에서 경험한 것들을 그냥 추억으로만 남겨두지 않는다. 인상적이었던 대목을 하나하나의 토픽으로 선택해서 가벼운 글쓰기 주제로 삼는다. 여행에서 돌아온 다음에 쓰는 가벼운 글에는 현지에서 찍었던 사진들이 큰 역할을 한다. 이해가 미흡했던 특별한 장소에 대해 돌아온 다음 다시 공부해서 완전히 소화하는 때도 있다.

나는 여행과 같은 새로운 경험에 대해서 나름의 원칙을 갖고 있다. 아무 준비 없이 그저 방문해서 휙 하고 둘러보는 일은 시간이나 비용을 사용하는 데서 그다지 합리적인 선택이라 생각하지 않는다. 이왕 한 장소를 방문한다면 사전 조사나 사후 복습을 통해 그 장소가 줄 수 있는 새로움을 완전히 자신의 것으로 만드는 과정이 필요하다고 생각한다. 여행의 경험이 쌓여갈수록 더욱 절실히 느끼는 점이다.

## 강력하고 생생한 자극에
## 나를 노출하라

우리는 여행을 통해 어떤 효과를 거둘 수 있을까? 여러분은 새로운 것들을 많이 보게 될 것이다. 상품, 디자인, 진열장, 거리풍경, 역사적 명소, 사람들 옷차림 등 이루 헤아릴 수 없이 많은 새로운 것들이 눈을 스쳐 지나갈 것이다. 그것들을 무심코 대하지 말고 강한 호기심을 갖고 찬찬히 지켜보라.

여러분이 얻을 수 있는 최고의 것은 새로운 것을 만나는 귀한 경험 그 자체일 것이다. '아, 정말 신기하다' 혹은 '정말 대단하구나'라는 탄성이 여러분 입에서 나왔다면 강력한 인상을 남긴 정보에 속한다. 그것은 여러분이 일상에서 접하는 다른 경험들보다 오래 남을 것이다.

그러나 앞에서도 언급한 바와 같이 새로움을 새로움 자체로 보는 데 그치지 말고 잠시 시간을 내서 전후 맥락이나 관련 지식을 책이나 웹을 사용해서 찾아보라. 여기서 한 걸음 더 나아가 가벼운 글쓰기라도 더해지면 모든 새로운 만남이 각각 여러분의 지식창고에 축적될 것이다.

나는 이 모든 경험과 이를 통해 얻은 지식이나 정보를 새로운 콘텐츠, 예를 들어 강연이나 대화 그리고 책 쓰기 등에 생생한 사례들로 활용한다. 읽어서 알게 된 사실과 직접 눈으로 혹은 손으로 확인하면서 알게 된 사실 사이에는 커다란 차이가 있다.

사실 우리의 일상은 대부분 반복적이다. 물론 사람에 따라서는 그런 반복 속에서도 나름대로 새로움을 보는 방법을 갖고 있을 것이다. 그중에서도 여행은 새로움을 더하는 멋진 일이다. 여행이란 준비하는 과정에서는 기다림이라는 설렘을 주고 돌아온 이후에는 새로운 자극을 제공한다는 점에서 가치를 가진다.

물론 이 책에서 다루는 모든 공부법은 그 나름의 새로움을 갖기는 한다. 하지만 새로움이란 면에서만 보면 여행은 생생한 자극을 준다는 점에서 유독 강력한 효과를 발휘한다. 여행이 주는 색다른 경험은 생생한 자극에서만 그치지 않는다. 새롭게 생각해볼 만한 거리를 제공하기도 하고 책을 쓰는 소재를 제공하기도 하며 알아야 할 새로운 연구 분야를 제시하기도 한다.

나는 여행을 다녀오고 나면 두뇌 속의 정보저장고가 한동안 차고 넘칠 정도로 가득 차 있음을 느끼게 된다. 이런 정보들은 내가 고민하는 현안 과제들과 조합되는 과정을 거치면서 콘텐츠를 만들어내는 훌륭한 소재가 되기도 하고 동기부여자가 되기도 한다.

## 너무나 인간적인,
## 지극히 생생한 공부

여행은 외로움과 동의어이기도 하다. 익숙한 장소를 떠나게 된다는 사실만으로도 자신을 제3자의 시각으로 되돌아볼 기회를 가진다. 작가는 혼자서 지낼 수 있는 시간이 많다. '외로움이란 강이 되어'라는 다소 시적인 표현을 사용할 수 있을 정도로 혼자 읽고 혼자 생각하고 혼자 쓰는 경험을 자주 하게 된다. 자연히 자신에 대해 깊이 생각할 시간이 상대적으로 많다.

여행이 주는 외로움은 또 다른 차원의 외로움이다. 고대 유적지에서 느끼는 고적함은 혼자서 글을 쓸 때 느끼는 외로움과는 또 다른 모습으로 다가온다. 그뿐만이 아니다. 홀로 떠나는 여행은 또 다른 차원의 외로움을 안겨다 준다. 여행 중에는 문득 스스로 자신이 살아가는 사회에 대해서도 다시 생각해볼 수 있고 자신에 대해서도 돌이켜 생각해볼 수 있다. 자신이 맺고 있는 다양한 인간관계 즉 가족관계를 포함한 본질적인 삶의 문제에 대해 생각해볼 수 있다.

낯선 곳의 호텔방에서 하룻밤을 지내거나 수천 년 전의 고적지에서 잠시 짬을 내서 망중한을 즐기다보면 인간적인 문제에 대해 더 깊은 대화를 나눌 수 있다. 그래서 고적지를 방문하면 최소한 유적지에 두 시간가량 앉아 있어 보라고 권하는 전문가도 있을 정도다. 무엇인가를 읽고 쓰면서 배울 수도 있지만 '인간적인 너무나 인간적인 문제'에 관한 배움은 익숙한 것에서 벗어나서 자신을 외로운 상황에 부닥치게 했을 때 배울 수 있는 것들이다.

이런 배움은 실용 지식을 배우는 것과는 차원이 다르다. 물론 이런 공부가 당장에 이익을 가져다주는 것은 아니다. 하지만 이런 공부는 자신의 정체성을 다질 수 있는, 정체성이 흔들리는 것에 관한 훌륭한 대처법 가운데 하나다. 이따금 자신을 익숙한 것으로부터 격리시킬 필요가 있다. 그런 격리는 '나는 누구인가?' '나는 제대로 살아가고 있는가?'라는 의문에 대해 멋진 해답을 주기 때문이다. 정신없이 살아가다가 어느 날 갑자기 '이게 아닌데'라는 회의감에 빠진다면 이는 실용 공부와 다른 인간에 대한 공부를 소홀히 한 대가를 지급함을 뜻한다.

또한 반면교사라는 이야기가 있지 않은가? 사람들이 살아가는 모습은 어디서건 비슷비슷하다. 아침에 일어나서 씻고 먹고 출근하고 퇴근하는 모습이 크게 다를 바가 없다. 그런 비슷함 속에서 역사, 전통, 문화, 제도에 따라 한 사회가 안고 있는 문제를 저마다의 방식대로 해결한다. 잠시 머물면서 한 사회의 속성을 속속들이 알 수는 없다. 하지만 두고두고 그 문제에 대해 생각하고 연구하게 한다. 한 번이라도 국외를 다녀온 경험이 있는 분이라면 그때 보거나 경험한 것들이 자주자주 떠오를 것이다. 그렇게 반복적으로 생생하게 과제를 안겨주는 공부법은 흔치 않다.


## 여행은 치밀할수록
## 삶에 오래 남는다

외국여행은 새로운 것들을 배우는 데 큰 도움이 된다. 특히 젊은 날의 외국여행은 평생을 두고 큰 자산이 된다. 깨달음, 배움, 추억이란 세 가지 면에서 젊은 날의 외국여행 경험은 그 어떤 경험보다도 삶에 오랫동안 영향을 미치게 된다.

여행을 떠나기 전에는 사전에 준비를 철저히 하는 것이 필요하다. 우리가 여행지를 선택해서 일정한 시간을 보내는 것은 한 사람이 가진 귀한 자원을 투자하는 것을 뜻한다. 시간과 돈과 에너지를 투입한다면 당연히 관람하는 수준에서 그치지 않도록 해야 한다.

사실, 경험에 미루어 보더라도 그냥 한번 가본다는 식의 여행은 여행의 중간마다 무엇을 해야 할지 몰라 허둥대며 시간을 낭비한다. 그렇다고 해서 모든 여행이 꼭 짜인 일정에 맞추어서 기계적으로 움직여야 한다는 이야기는 아니다. 출발 전에 분명한 목적이 있어야 한다는 점만 강조해두고 싶다. 이번 여행은 무엇을 위한 여행이고 최소한 이런저런 것들은 보거나 느끼고 와야 한다는 정도를 말한다. 그러니까 여행을 시작하는 시점에서부터 돌아오는 날까지 행해지는 하나의 프로젝트로 이해하는 것이다.

모든 프로젝트에는 일정한 목적이 있을 뿐만 아니라 계획이 있어야 한다. 그렇다면 어떻게 해야 여행 효과를 극대화할 수 있을까? 우선은 사전 준비 작업이다. 가고자 하는 곳이 어떤 곳인가를 사전 조사해야 한다. 현재뿐만 아니라 과거의 역사도 잠시 훑어봐야 한다. 만일에 방문지가 역사적인 장소이고 그런 곳을 둘러볼 예정이라면 더 심도 있게 사전 조사를 해야 한다.

역사적인 장소에 대해서는 어느 정도 연대기 정리가 되어 있어야 하고 그곳에서 반드시 두 눈으로 확인해야 할 부분도 체계적으로 정리한 뒤에 떠나야 한다. 아무리 귀한 장소를 방문하더라도 머릿속에 정리된 것만큼만 볼 수 있고 또 그만큼만 보이기 때문이다.

사전 준비 없이 역사적인 명소를 방문한다면 분명 돌아온 다음에 정작 중요한 곳을 유심히 살펴보지 못했다는 아쉬움을 갖게 될 것이다. 따라서 여행지를 찾을 때는 다소 엄숙한 마음을 가질 필요가 있다. 예를 들어, 자신에게 이렇게 담담히 이야기해보는 것도 도움이 된다.

"내가 지상에 머무는 시간은 제한되어 있고 이곳을 다시 찾기란 쉽지 않을 것이다. 어쩌면 이번 방문이 나에게는 마지막일 수도 있다."

젊은이들에게 이런 이야기는 가슴에 와 닿지 않을 것이다. 하지만 어느 정도 나이가 든 사람들은 조금만 생각해보면 이번 방문이 마지막일 수 있음이 결코 과장이 아니라는 것을 알 수 있다. 그만큼 여행지에서 봐야 할 부분을 착실하게 볼 수 있어야 함을 뜻한다. A4 한 장 정도로 꼭 봐야 할 부분이나 중요한 내력 등을 정리해서 클리어 파일 안에 집어넣고 여행하는 것은 매우 유용하다.

가능하다면 구글의 위성사진을 A4 한 장으로 정리해서 전체 조감도를 머릿속에 집어넣고 방문하는 것도 도움이 된다. 여행지에선 단 한 장의 정리 사항이 아주 편리하게 사용된다. 아무튼 수많은 볼거리 가운데 어느 부분에 초점을 맞출 것인지 그리고 어느 부분에 주의력을 집중할 것인지는 사전에 준비되어 있어야 한다. 아는 만큼 보인다는 사실을 꼭 기억하기 바란다.


..

## 감탄하고 추억하며
## 공부하라

여러분의 기억이란 결코 믿을 만한 것이 못 된다. 그리고 새로운 방문지에서는 여러 가지 자극들이 주어지기 때문에 나중에 일일이 기억하기도 쉽지 않다. 따라서 이동 중에 여러분의 시선을 끄는 부분이 있다면 반드시 메모를 남겨두어야 한다. 이때 메모가 번거롭다면 이동하는 주요 장소 정도를 시간별로 정리하는 일도 도움이 된다.

사람의 두뇌는 동선 이동에 따라서 일정 기간 기억을 유지하는 특별한 능력이 있다. 따라서 두 가지를 동시에 활용하면 더 나은 공부법이될 것이다. 하나는 동선 이동 경로를 메모로 남기는 것이다. 또 하나는이동 장소에서 특별하게 주의를 기울인 부분들을 간단하게 메모해두는것이다.

여행지를 카메라에 부지런히 담아두는 것도 뛰어난 공부법이다. 물론카메라에 담긴 모든 내용은 일정한 공간에 옮겨 신속히 정리해두어야한다. 나는 웬만큼 주의를 끄는 부분은 모두 사진으로 찍어둔다. 그러니까 사진을 일종의 메모로 간주해서 중요한 안내판들도 일일이 다 찍어둔다. 그리고 그것을 하드웨어에 보관해둘 뿐만 아니라 동시에 플리커에업로드시켜 둔다. 이때 여행 시간 순서로 사진 자료들을 정리해두는 것이 중요하다. 일단 그렇게 자료 정리를 하면 오랜 시간이 흐른 다음에도사진 순서대로 여행지의 특이사항이나 추억을 추적해낼 수 있다.

여행지를 다니면서는 자신이 가진 고정관념을 잠시 제쳐놓고 가능한감탄사가 많이 나오도록 해야 한다. 감탄한다는 사실은 새로움을 받아들이는 것과 동의어로 해석할 수 있을 것이다. 강력한 호기심으로 여행지 곳곳을 예리하게 관찰하라. 여러분이 알고 있던 것이나 익숙한 것들과 조금이라도 다른 것이 있다면 즉시 카메라에 담고 대단하다고 칭찬해주고 메모로 남겨보라.

여행지의 모든 곳은 거대한 학교로 바뀌게 될 것이다. 여러분은 거리의 가벼운 풍경에서, 진열장 진열대에서, 가게의 간판에서, 성벽의 흔적에서 새로운 것들을 만나게 될 것이다. 단 이때 주의해야 할 것은 '우리'중심으로 나쁘다와 좋다를 미리 판단하지 않는 것이다. 예단하지 않고 스펀지처럼 빨아들인다는 생각만 갖고 있으면 여행을 통한 공부는 제대로 할 수 있다.

여행지에서 틈틈이 그리고 돌아온 다음에도 일정한 시간을 갖고 인상 깊었던 것들을 하나하나 글로 정리해보는 것은 가장 확실한 복습이다. 여행지에서 '참으로 대단하구나'라는 느낌을 갖는 일도 중요하다. 하지만 이런 느낌이 그냥 느낌으로 끝나지 않도록 해야 한다.

여행을 회상하면서 그 회상이 연결된 관련 정보들과 조합해 자신의 생각이나 의견으로 정리할 수 있어야 한다. 여행지에서 만난 경험들을 공부로 연결하는 최고의 방법이다. 하나하나를 복원해서 감상을 붙이고 새로운 것을 지적하고 추가적인 공부를 통해 정리할 수 있다면 여러분의 여행은 준비 → 체험 → 복습을 통해서 활자나 영상이 제공할 수 없는 생생한 공부로 바뀌게 될 것이다.

여행은 다른 공부법과 달리 추억을 선물로 안겨다 준다. 시간이 흘러도 여행이 남긴 아름다운 추억들이나 우발사건들은 오래 기억 속에 남아 있다. 또한 이따금 궁금함의 소재를 제공하기도 하고 또다시 공부하게 하기도 한다.

# 03

# 핵심파악의 선수 '아이디어 스케치하기'

## 지적 예리함을 갈고닦는 유쾌한 스케치

지적인 예리함을 갈고닦는 것은 중요하다. 마치 운동선수가 반복적인 운동을 통해서 자신의 기량을 향상시켜 나가듯이 사업가나 직장인들 역시 자신의 업무와 관련해서 예리하게 문제의 핵심을 꿰뚫는 능력을 가질 수 있도록 훈련해야 한다. 어느 분야에서 일하는 전문가이든지 간에 중요한 능력에 속한다.

내가 지적인 예리함을 갈고닦기 위해 자주 사용하는 것이 '아이디어 스케치'를 통한 공부법이다. 흰 스케치북 위에다 어떤 사물을 보고 세세한 부분은 제쳐놓고 전체 모습을 정리하듯이 그려가는 것을 말한다. 나는 이와 비슷한 과정을 통해서 사물이나 현상에 대한 중요한 부분 즉 핵심적인 부분을 정리하는 나름의 습관을 갖고 있다.

우선, 책을 쓰는 데 필요한 전체적인 그림을 그린다고 가정해보자. 대부분 복사지 위에서 스케치를 하는 것처럼 첫째, 둘째, 셋째 순서로 그림을 그려나가듯 책의 전체 틀을 잡는다. 그렇게 틀을 잡다 보면 책 전체 모습을 만들어낼 수 있을 뿐만 아니라 어떤 이야기를 어떻게 전달할 수 있을지에 대한 대강의 모습을 파악할 수 있다. 나는 이렇게 마치 건축물의 프레임을 잡아나가듯이 전체 틀을 잡는 것을 좋아한다.

책을 집필하는 경우가 아니더라도 아이디어 스케치는 그 자체만으로도 별도의 의미가 있다. 강연록은 책보다는 더 세분된 내용이 필요하다. 나는 강연록을 준비할 때 구체적인 콘텐츠를 차근차근 정리한다. 그때 기본 요건이 두 가지 있다. 하나는 강연청탁서에 강연을 부탁하는 분들의 요구사항을 기재하도록 한다. 주제, 참가 인원, 참가 대상자의 특징 그리고 특별히 강사에게 요구하고 싶은 것들을 한 장의 신청서로 정리해서 받는다. 항상 말하는 사람과 듣는 사람 사이에는 기대치 면에서 차이가 있을 수 있다. 따라서 그런 문제를 사전에 예방하기 위해서 간단한 양식으로 된 강연청탁서를 받는 것이다.

나는 청탁서에 바탕을 두고 강연의 전체적인 틀뿐만 아니라 틀 속에 채워져야 할 구체적인 콘텐츠 역시 아이디어 스케치하기 방법으로 작성하는 것이다. 전체 틀은 이렇게 만들고 구체적으로 첫째는 무엇을 그리고 둘째는 무엇을 하는 식으로 이야기해야 할 내용을 몇 장의 종이 위에 적어나간다. 적는다는 표현을 사용했지만 실제로는 그린다는 표현이 더 적합하다 할 수 있다.

대다수 강연자의 강연 주제가 몇몇 주제에 국한되어 있는 반면 나는 아주 포괄적인 주제로 강의할 수 있다. 평소에 집필을 통해서 다양한 주제를 공부한 것에서도 힘입은 바가 크지만 지금 소개하는 것과 같이 아이디어 스케치하는 방식으로 끊임없이 생각이나 의견을 정리하는 훈련이 되어 있기 때문이다.

아이디어 스케치하기는 공부법 중에서도 대단히 유쾌한 방법 가운데 하나이다. 처음에는 우연히 시작되었지만 내가 즐길 수 있는 나만의 특별한 공부법으로 자리 잡는 데 성공했다. 내가 쾌감을 느끼는 중요한 지적 유희 혹은 오락이라는 생각도 든다.

나는 마치 아이들이 레고 블록을 쌓으면서 즐거워하듯이 흰 백지 위에 강연 콘텐츠를 쌓아가면서 즐거워하는 것이다. 이런 즐거움 때문에 나는 이제껏 한 번도 도전해보지 않은 강연록을 만들거나 책을 쓰는 일 자체를 두려워하지 않게 되었다. 동시에 그 누구라도 감히 이야기하기에 어려움을 느끼는 강연들, 이를테면 팩트를 넘어서 통찰력이나 선견력을 요구하는 강연을 할 수 있게 됐다. 지적인 예리함을 부단히 갈고 닦게 해주는 아이디어 스케치하기 공부법 덕분이다.


· ·

## 아이디어 스케치는
## 지적 성장의 확실한 교두보

아이디어 스케치를 하면 복잡한 문제의 본질이나 핵심을 정확하게 파악하는 능력을 키울 수 있다. 현실이란 늘 복잡하다. 그런 복잡함 속에서 가지치기를 얼마나 잘할 수 있는가? 그리고 얼마나 정확히 핵심을 찾아낼 수 있는가가 중요하다. 아이디어 스케치로는 세세한 부분을 종이 위에 모두 담을 수 없다. 표현하고 싶은 것들 가운데 중요한 것과 그렇지 않은 것을 구분해서 중요한 부분들을 골라서 정리할 수 있어야 한다.

예를 들어, 책을 쓰는 경우를 보자. 여러분은 이것저것을 모두 책 속에 담고 싶어 할 것이다. 그렇게 모든 것을 쓸어담으려 하는 순간부터 책 쓰기는 어려움에 빠져든다. 물리적으로 원하는 모든 것을 한 권의 책에 담을 수 없기 때문이다. 결국, 버릴 것은 버려야 하고 담을 수 있는 것만을 담아야 한다. 그렇다면 무엇을 버리고 무엇을 담아야 할까? 이런 작업을 효과적으로 진행하는 데 필요한 것이 책의 얼개를 스케치해보는 것이다.

아이디어 스케치를 통해 얻을 수 있는 또 하나의 효과는 자신의 주장이나 의견을 갖는 훈련을 할 수 있다는 것이다. 책을 읽을 때는 타인의 의견에 압도당하기 쉽다. 타인의 의견에 무게중심이 크게 쏠리게 된다. 그런데 흰 백지 위에 별다른 참고 자료를 갖지 않은 책이나 어떤 주제에 대해 자신의 의견을 정리하는 일은 남의 의견이나 주장이 아니라 자신의 의견이나 주장을 만들어내는 훈련 방법으로 뛰어나다.

예를 들어, 강연록을 만드는 경우를 참조해보자. 청중을 염두에 두고 흰 백지 위에 특정 주제에 대해 하나둘 적어가는 과정은 그 자체만으로도 자신의 고유한 의견을 만들어내는 데 효과적인 방법임을 쉽게 예상할 수 있다. 이때 자신의 의견이나 주장의 일부는 현재가 아닌 미래가치와 연결되어 있다. 다시 말해 통찰력 및 선견력과 같은 의미가 있게 되는 것이다.

우리의 의사결정 가운데 많은 부분은 미래에 대한 것이다. 어떻게 미래를 바라보는가와 어떤 판단을 내리는가는 동전의 양면관계에 있다. 결국 미래에 대한 자신의 의견을 어떻게 훈련하는가에 크게 의존하게 된다. 이때 미래 예측서를 읽는 방법이나 신문이나 잡지에서 새로운 정보를 입수하는 등 다양한 방법들이 있다. 그중에서도 미래에 대한 자신의 생각을 스케치하듯이 수시로 정리해두는 것도 좋은 방법 가운데 하나다.

또한 아이디어 스케치해보기는 지적인 즐거움과 유쾌함을 제공하는 훌륭한 방법이다. 아무런 제약이 주어지지 않은 상태에서 오롯이 자신의 지력을 이용해서 특정 주제에 대해 중요한 부분들을 정리해보는 일은 마음껏 자신의 머리를 사용한다는 점에서 도움이 된다.

아이들이 장난감을 갖고 놀듯이 우리는 우리의 두뇌를 갖고 무엇이든 자신의 생각을 만들어낼 수 있다. 단답형 답이 아니라 논리적으로 일관된 토털 솔루션을 제공한다는 식으로 자신의 생각을 정리할 수 있다. 우리는 아이디어 스케치를 통해 자신의 지적인 예리함을 만들어내는 기반 자체를 튼실히 구축할 수 있다.

한마디로 이야기해서 플랫폼 자체를 업그레이드해 나가는 훈련 과정으로 아이디어 스케치를 적절히 활용할 수 있다. 특정 주제에 대해 여러분의 아이디어 스케치 작업이 마무리될 때마다 플랫폼의 도로망이 하나하나 정교하게 확장되고 있다고 가정하면 될 일이다. 이처럼 플랫폼을 정교하게 만드는 훈련 과정을 계속할 수 있다면 노년이 되더라도 지적으로 계속 성장하는 데는 문제가 없을 것이다.

## 자신에게 묻고
## 답하기를 계속하라

아이디어 스케치를 활용하는 방법은 자신에게 묻고 답하기를 수시로 활용하는 일이다. 마치 취미활동을 하듯 언제 어디서든 이런 공부법을 여러분의 것으로 만들 수 있다. 사람을 기다리는 중에도 괜찮고 이동하는 자동차나 열차 그리고 비행기 안에서도 괜찮다.

여러분이 직접 핸들을 잡고 운전해야 하는 상황이 아니라면 그 시간 동안 잠시 짬을 내서 공부하는 방법이 바로 아이디어 스케치다. 그런데 그냥 아무 데나 아이디어를 스케치하기보다는 아이디어 스케치에도 일정한 격식을 더하는 편이 효과적이다. 일종의 의식을 만들어보면 어떨까? 문방구에서 쉽게 살 수 있는 클리어 파일 몇 장과 함께 복사용지 몇 장을 늘 가방 속에 갖고 다녀보자.

복사용지는 가능하면 새 종이보다는 쓰다 만 폐지를 활용하면 더 효과적이다. 나는 항상 폐지를 사용한다. 그리고 우리가 흔히 사용하는 A4 사이즈를 권하고 싶다. 메모와 달리 아이디어 스케치하기는 일정한 격식을 차린 상태에서 진행하는 공부법이라고 생각하면 좋다.

일단은 클리어 파일과 늘 작업을 진행할 수 있는 종이를 몇 장 갖고 다니는 것만으로도 준비는 완벽하다. 옛말에 '시작이 반이다'라는 이야기가 있듯이 언제 어디서나 아이디어 스케치 공부법을 실행에 옮길 준비가 되어 있는 것만으로도 쉽게 활용할 수 있다.

아이디어 스케치가 완료되면 각각의 완성품을 별도의 클리어 파일에 넣어둠으로써 작업의 완성을 분명히 하고 이후에 언제든지 활용할 수 있도록 보관하자. 그렇게 준비 작업이 끝나고 나면 그다음에는 공부법을 여러분의 것으로 만드는 작업이 남아 있다.

여러분이 고민하는 문제가 무엇인지를 생각해보라. 우선 업무와 관련해서 어떤 과제에 대해 고민하는가를 찬찬히 생각해보자. 깊은 생각을 요구하는 모든 주제는 아이디어 스케치 대상이 될 수 있다. 방법은 여러분이 찾아내야 할 답을 질문으로 만들어서 여러분 자신에게 물어보는 형식을 취하면 된다.

예를 들어, 내가 즐겨 사용하는 질문은 이런 형식을 취한다. 지금 여러분이 읽고 있는 이 책의 첫 단계는 아이디어 스케치에서 시작되었다.

"공부법이란 주제의 책을 어떻게 쓰는 것이 좋을까?"

그런 질문을 나 자신에게 던지게 되면 즉시 작업에 들어갈 수도 있지만, 며칠에 걸쳐서 몇 번씩 반복적으로 그런 질문을 던지게 될 때가 있다.

하지만 나는 웬만해선 아이디어가 숙성되거나 완성될 때까지 기다리지 않는다. 초벌 아이디어를 아이디어 스케치 대상으로 삼는다. 가방 안에 들어 있는 종이를 두세 장 정도 꺼낸 다음에 화가들이 스케치하는 것처럼 작업을 진행한다. 제목을 적은 다음에 책의 얼개에 해당하는 큰 과제들을 복사지에 3~4개 정도 띄엄띄엄 적는다. 그렇게 전체 틀을 잡은 다음에 세세한 내용이 어떻게 들어가면 좋을지를 생각해서 각각 큰 목차 안에 세부 목차들을 채워나간다.

물론 책을 완성하는 단계에서 세부적인 내용은 순서도 바뀌고 제거되는 것들도 꽤 된다. 하지만 전체적인 내용은 대체로 일치하게 된다. 책의 목차를 잡을 때뿐만 아니라 강연록 초안은 거의 80~90퍼센트를 이런 방법으로 잡는다. 강연 제목을 던진 후 나 스스로 이런 질문에 답을 하는 형식으로 강연록을 작성하는 것이다.

스쳐 지나가듯이 그냥 떠올릴 수 있는 아이디어가 아니라 깊은 사고를 요구하는 모든 현안 과제나 미래 전망에 대한 주제들은 아이디어 스케치를 이용한 공부법의 대상이 될 수 있다. 그래서 여러분이 깊이 생각해야 할 과제라면 일단은 아이디어 스케치 대상이 될 수 있다는 사실을 기억하고 있으면 된다.


## 지적 도전의 결실, 지적 근육을 단련하라


종이 위에 아이디어 스케치하기는 캐주얼 의복을 입는 것이라고 보면 된다. 정장과 캐주얼은 느낌이 크게 다르다. 아이디어 스케치는 자유분방하게 자신의 아이디어를 실현 가능성을 떠나서 그려보는 것을 말한다.

모든 아이디어가 책이나 강연 그리고 보고서에 활용되어야 하는 것은 아니다. 일부는 영영 빛을 발휘하지 못하기도 한다. 나의 책상 위 작은 박스 안에는 오래전에 그림을 그리듯이 담아두었던 아이디어들이 수북하게 쌓여 있다. 아이디어 스케치를 통한 공부법은 실용적으로 무엇인가를 완성하는 데 필요한 아이디어를 정리하는 공부법이기도 하지만 동시에 지적 훈련을 위한 공부법이기도 한 것임을 잊지 않도록 해야 한다. 근력을 키우는 것과 마찬가지로 자신만의 프레임을 만드는 지적 근육을 단련하는 작업이라고 생각하면 된다.

아이디어 스케치 공부법이 가진 매력 가운데 하나는 언제 어디서든 아무런 비용 부담 없이 해볼 수 있다는 점이다. 내가 이 공부법을 좋아하는 이유 중 하나는 '도전'이기 때문이다. 인간은 위험을 감수하고 무엇인가에 도전할 때 쾌락을 느끼게 된다. 스포츠가 인기를 끄는 이유는 도전에 대한 인간의 욕구를 수용하고 있기 때문이다.

아이디어 스케치 방법은 엄청난 지적 도전을 허용하면서도 리스크는 거의 제로에 가까운 방법이다. 언제 어디서든 약간의 시간을 내서 무한한 지적도전을 할 수 있다는 사실만으로도 여러분의 생활에 큰 즐거움을 더할 수 있는 공부법이다. 공부에 어느 정도 시간을 소요할 것인지는 여러분이 정하기 나름이다.

여러분이 잘만 활용한다면 이 방법은 자신을 대단한 인물로 자리매김하는 데 크게 도움을 줄 수 있을 것이다. 헬스클럽을 방문해서 육체의 근력을 키우는 데 열심인 사람은 많지만, 지적인 근육을 단련하는 방법을 제대로 알고 활용하는 사람은 드물다. 아이디어 스케치 방법을 통해 여러분 자신을 지적으로 부단히 훈련해나가길 바란다. 특히 막강한 기획력이나 통찰력을 갈고닦기를 소망하는 사람들에게 이 공부법을 강력하게 권하고 싶다.

# '최선'을 배울 수 있는
# '타인 벤치마킹'

## 타인의 최선을
## 최대한 경험하라

주변을 찬찬히 둘러보라. 세상에는 정말 '난 사람들'이 많다. 공부라는 것은 겸손과 겸양에서부터 출발한다. 스스로 부족하다고 생각해야 공부를 하게 된다. 나는 다른 분야에서 일하는 사람들의 괄목할 만한 성취에 늘 관심을 둔다. 그들의 성취를 보며 공부를 열심히 해야겠다는 결심을 할 뿐만 아니라 끊임없이 나만의 공부를 찾아다니게 된다.

우선 나는 스스로 적극 '동기부여'를 하기 위해 신문이나 잡지 인터뷰를 유심히 읽는다. 좋은 인터뷰는 그 사람의 핵심을 전해준다. 인터뷰 기사의 중간중간에는 짧지만 아주 강인한 메시지들이 등장한다. 나 또한 인터뷰이가 되거나 인터뷰어가 될 때 지면의 제약 때문에 중언부언하지 않고 핵심 메시지를 정리해서 전달한다.

지금 시대는 과거의 그 어떤 시대보다 간접적으로 뛰어난 인물을 만날 기회가 많다. 그들을 만나보면 인터뷰 대상자가 단 한 문장으로 강인한 인상을 남기는 경우도 자주 있다. 언젠가 금형업계의 선두주자인 태웅의 허용도 회장 인터뷰에서 "사업은 신이 들려야 하는 것 같습니다"라는 문장을 읽었던 적이 있다. 아마도 이 메시지가 그의 인생을 대표하는 문장일 것이다.

우리는 이런 문장을 통해 더 열심히 살아가야 할 이유를 찾을 수 있다. 또한 자신이 직접 자기 사업을 하지 않더라도 사업가가 어떤 마음과 태도로 자신의 사업에 임해야 흥할 수 있는가를 짐작할 수 있다. 일단 인터뷰 대상으로 선정되었다는 것은 자신의 분야에서 특별한 업적을 남긴 사람들에게 주어지는 기회이기 때문이다.

우리가 저마다의 치열한 전쟁터에서 뛰어난 성과를 거둔 사람들의 이야기를 읽는다는 사실은 그들에게 성공을 가져다준 성공 습관이나 기능을 배울 수 있다는 것을 의미한다. 따라서 타인의 경험이 '더 나은' 나를 자극하는 공부법으로서 의미가 있는 것이다. 사실 어느 정도 자신의 분야에서 익숙하게 일할 수 있는 단계에 도달하게 되면 사람은 누구나 다소 건방져질 수 있다. 자신이 마치 자기분야에서는 상당한 수준에 도달한 사람인 듯 착각할 가능성이 높기 때문이다. 이 같은 인간적인 약점이 없다면 어느 세계에서나 일정한 성취 경험 이후에 몰락하는 사람의 수를 크게 줄일 수 있을 것이다.

특정 분야에서 성공한 사람들의 이야기를 수시로 읽는 것은 자신이 이루어낸 성과를 객관적으로 냉철하게 파악할 수 있도록 해준다. 그리고 이것은 자신이 혹은 자신의 성취가 그다지 대단하지 않다는 사실을 끊임없이 상기시켜주는 효과가 있다. 겸손함을 유지할 수 있는 효과적인 방법 가운데 하나라 할 수 있다.

인터뷰가 짧은 시간 동안 간편한 정보를 제공한다면 타인의 뛰어난 점을 제대로 배울 수 있는 멋진 공부법은 바로 자서전 읽기라 할 수 있다. 때로 수준 이하의 자서전을 만날 때도 있지만, 대부분 자서전은 한 사람이 살아온 과정을 성의껏 정리해놓은 책이다. 솔직하게 심혈을 기울여 작성된 자서전이 우리에게 미치는 효과는 상당하다.

모든 삶을 살아볼 수 없는 우리로서는 가보지 않은 길을 간 사람들의 삶의 역정을 들여다보는 것으로부터 전혀 다른 세계를 체험할 수 있다. 이렇게 얻은 삶의 지혜는 때로는 대화를 통해서, 때로는 가벼운 글쓰기를 통해서, 때로는 강연과 책을 통해 다른 사람들에게 전달된다. 물론 이때는 해당 인물의 경험을 있는 그대로 전달하는 것이 아니라 나의 관점에서 재해석되거나 다른 사람들의 경험과 결합하여 전달된다.

물론 여러 장르의 독서도 그 나름대로 장점이 있지만, 사람에 관한 이야기는 특별한 재미가 있다. 내가 살아갈 수 없었던 그 시대로 가볼 수 있다는 장점과 인간적인 실수와 고뇌를 간접적으로 체험할 수 있다는 점에서 소설이 좀처럼 제공할 수 없는 생생함을 더해준다. 그래서 나에게 훌륭한 자서전은 인간적인 면과 직업적인 면의 기량을 향상시켜주는 훌륭한 교과서다.

## 더욱 분발하는 삶을 위한
## 타인 벤치마킹

타인이 거둔 성공과 실패의 경험담이 선물하는 가장 큰 효과는 사업이든 인생이든 간에 '최선의 것best practice'을 배울 수 있도록 해준다는 점이다. 우리는 각 분야에서 뛰어난 성과를 거둔 사람들의 생생한 경험담을 통해서 받아들여야 할 점과 버려야 할 점을 배울 수 있다. 여기서 중요한 것은 반드시 성공 경험만이 아니라 실수에서도 배울 수 있다는 점이 중요하다. 특별한 사전 준비 작업을 하지 않더라도 인터뷰나 자서전을 읽는 사람들은 자연스럽게 자신이 처한 상황이나 문제를 중심으로 타인의 경험담을 배우게 된다.

타인의 경험담이 자신에게 주는 교훈이 무엇인가를 정확히 생각하면서 책 읽기를 하는 것이다. 그럼 공부법 효과를 높일 수 있을 것이다. 세계 유수의 경영대학원 교수법은 사례연구를 적극 활용한다. 사례연구는 대부분 성공 경험과 실패 경험으로 이루어진다. 이와 같은 맥락에서 개인이 인터뷰나 자서전을 적극 활용하는 일은 스스로 평생 사례연구를 통해서 배워가는 것을 말한다. 따라서 훌륭한 자서전을 통해서 공부하는 것은 삶에 크게 도움이 되는 방법이다. 인터뷰나 자서전 읽기는 삶의 기대수준을 높여주는 장점이 있다. 어느 분야에서 일하든 자신과 관련 없는 다른 분야에서 어떤 사람들이 활동하는지, 그들이 어떤 성과를 거두는지를 속속들이 알 길은 없기 때문이다.

타인의 삶을 배워가는 것은 여러분 자신이 직업세계와 인생에서 기대하는 수준을 계속해서 조정할 수 있도록 도와준다. 직업과 생활의 활동 지평을 확장해주는 장점을 갖고 있다. 우리가 너무나 당연하게 받아들이고 있지만 인물에 관한 이야기는 항상 자극적이다. 그런 자극이 내겐 새로운 삶을 다짐하도록 해준다. 그 자극은 세상이 정말 넓다는 것, 그리고 자신이 잘 모르긴 하지만 분야마다 걸출한 인물들이 있다는 점을 깨닫는 것이다.

그들이 이룬 성취를 확인함으로써 내가 이루어낸 것은 그들에 비하면 정말 별것 아니라는 사실을 알게 된다. 직업과 인생에 대해 더 높은 기대수준을 갖도록 도와준다는 점에서 인터뷰나 자서전 읽기는 다른 공부법과는 뚜렷한 차이점을 갖고 있다. 그리고 인터뷰나 자서전 읽기는 인간적인 성장에도 큰 도움을 준다. 자신을 늘 낮은 곳에 있도록 도와준다는 점이다.

여러분이 어떤 분야에서 어느 정도 성취를 하게 되면 자연스럽게 자신이 거둔 성과에 대해 자긍심을 갖게 된다. 물론 사람이 자신감을 갖는 일은 필요한 일이지만, 지나친 자긍심은 교만함이나 자만심과 연결된다. 이때 스스로 위치를 재조정하게 해주는 훌륭한 공부법이 바로 걸출한 업적을 이룬 사람들의 자서전을 읽는 일이다. 자서전 읽기는 스스로 제대로 된 인간이 되기 위해 도움을 줄 수 있는 효과적인 공부법이다.

마지막으로 자서전이나 인터뷰 읽기는 삶에 흥미와 재미를 더해준다. 인간의 성취나 좌절 이야기는 무엇이든 재미있다. 생활에 활력을 더하는 멋진 방법이다. 소설이 허구라면 실화는 소설이 제공할 수 없는 묘한 매력을 지니고 있다.

## 인물에 관한 관심이
## 나를 성장시킨다

'나는 다 잘 알고 있다'고 생각하기 시작하면 특별히 앞서가는 사람들로부터 배울 게 별로 없다. 내가 똑똑하다고 생각하는데 타인으로부터 배울 것이 무엇이 있겠는가? 이따금 무언가 성취한 사람 중에는 그렇게 생각하는 사람도 있을 것이다. 그때는 역사가 타키투스의 명언을 되새길 필요가 있다.

"이 세상에서 자신의 고유 힘으로 권세가 지탱되고 있지 않을 때의 명성만큼 불안정하고 덧없는 것은 없다."

세상 모든 사람들에게는 배울 점이 있다. 더욱이 각 분야에서 앞서가는 사람들로부터는 더더욱 배울 것이 있다고 생각하는 마음가짐이 필요하다. 그래서 일단은 배움에 대해 마음의 문을 열어두는 일이 필요하다. 이는 어느 누가 강제할 수 있는 일은 아니다. 아직도 배울 것이 참으로 많이 있다고 인정하고 이런 부족함을 채우기 위해 무엇을 해야 할 것이냐는 생각을 하며 주변을 둘러볼 때만이 타인 벤치마킹을 통한 공부법이 그 효과를 발휘하게 된다.

신문이나 잡지를 볼 때는 인물 소개란을 관심 있게 보아야 한다. 그리고 인터뷰 기사를 읽을 때는 기사를 읽는 것에다 한 가지를 더해보자. 그것은 인터뷰에 실린 사람의 삶과 직업으로부터 무엇인가를 배우자고 생각하는 것, 그러니까 다른 사람들은 인터뷰를 그저 여러 기사 가운데 하나로 간주하더라도 여러분은 잠시 공부하는 기회로 삼아보는 것이다.

아마도 그런 시각으로 접근하는 순간, 여러분에게는 인터뷰 기사 중에 특별한 내용이 눈에 쏙쏙 들어올 것이다. 예를 한번 들어보자. 오늘 점심 무렵 심층 인터뷰를 읽었다. 〈조선일보〉의 '위클리비즈' 섹션에 실린 세계 최대 물류회사 DP DHL의 프랑크 아펠 회장을 인터뷰한 기사다.

나는 두 부분에 붉은 펜으로 큼직하게 동그라미를 쳐두었다. 한 부분은 그가 가진 리더십 철학에 대한 간단명료한 표현이다. 짧은 문장이지만 조직을 이끄는 사람이라면 누구든지 깊이 새겨야 할 메시지를 담고 있다. 인터뷰어가 던진 "본인 리더십의 철학이 있다면?"이란 질문에 대한 그의 답은 이렇다.

"존경respect과 결과result의 균형입니다. 기업은 결과를 내야 합니다. 동시에 고객, 직원, 공동체를 존중하고 그들로부터 존경받아야 합니다. 리더는 매일 그 둘 사이에서 균형 찾는 일을 해야 합니다."

이 짧은 문장 속에 귀한 메시지를 담고 있다. 묵직한 책을 통해서만 배울 수 있는 것은 아니다. 10여 분 정도를 투자해서 동시대를 사는 사람들 가운데서도 이처럼 배울 수 있는 사람들을 숱하게 만날 수 있다. 그의 인터뷰에서 만날 수 있는 특별한 교훈 가운데 하나는 인생과 일 모두에서 우리가 견지해야 할 원칙을 담고 있다. 그것은 바로 단순함을 유지해가는 것에 관한 이야기다.

"아까 인터뷰를 시작하면서 제 방이 단출하다는 이야기를 하셨는데, 저는 이 단순함이야말로 비즈니스의 핵심이라고 봅니다. 사람들은 일이 단순할 때 편안함을 느낍니다. 사업이 복잡해지면 사람들은 불편해지고 거기서 불필요한 비용과 문제가 생기죠."

사실상 인터뷰 실력이 뛰어난 기사 작성자일수록 핵심을 전달하는 능력이 있다. 그런데 효과적인 공부가 되기 위해서는 그냥 읽고 좋은 이야기라는 수준에 머무는 것으로 충분하지 않다. 여러분의 두뇌 속에 각인시키는 과정이 있어야 한다. 가능하다면 이렇게 취득한 사례나 문장을 사용할 기회를 가져보는 것도 좋다.

누군가와 대화를 나눌 때 여러분이 만난 사례나 명문장들을 반복적으로 인용하는 일이 도움될 것이다. 더 강하게 여러분의 것으로 각인시키는 방법은 인터뷰어가 남긴 멋진 사례나 문장에 여러분의 의견을 더해 가벼운 글쓰기를 해보는 일이다.

예를 들어, 일단은 인터뷰에서 나온 멋진 문장이나 사례를 인용문으로 옮긴다. 여러분이 블로그나 페이스북 혹은 트위터를 사용한다면 복사 기능을 사용하는 것으로 시간을 절약할 수 있다. 감탄했던 문장에 대해 간단해도 좋으니까 여러분만의 해설을 더해보면 도움이 될 것이다. 이런 훈련은 자신의 생각을 정리하는 데도 도움이 되고 글쓰기 능력을 키우는 데도 도움이 된다. 시간이 부족하고 내 문장을 쓰는 일이 부담스럽다면 트위터 등에 간단한 논평과 함께 문장을 소개하는 방법도 고려해볼 수 있다.


· ·

## 위인의 삶을 통해
## 내 삶의 이유를 물어라


홍수처럼 쏟아져 나오는 신간들 속에서
관심을 둘 만한 인물의 자서전을 꼭 독서 목록에 포함하도록 해보라.

시간을 내서 한 인물의 자서전을 읽는 것은 그 인물의 삶을 간접적으로 체험해보는 일이다. 자서전은 특정 인물의 삶으로 들어가 그 삶의 결정적인 순간들이나 특별한 감정 그리고 생각을 정리해놓은 것으로 생각하면 된다.

자서전을 읽음으로써 실용적 지식과 함께 생각할 거리를 얻는다. 인간적인 성장을 꾀할 수 있는 것도 자서전 읽기의 큰 혜택 가운데 하나라 생각한다. 얼마 전 CNN 창업자인 테드 터너의 자서전 《테드 터너 위대한 전진Call Me Ted》이란 책을 재미있게 읽었다. '성공 요인'에 대한 그의 설명이 흥미로웠다. 첫째, 둘째, 셋째 순서로 명확하게 분리해두지 않았지만, 저자 자신의 분석과 그 결과를 접하는 것만으로 큰 자극이 되었다.

가장 인상적인 것은 두 가지 핵심 용어다. 우선, 그는 항상 활력이 넘쳐흐르는 사람이라는 점이다. 가만히 앉아 있지 못하고 늘 무엇인가를 추구하는 에너지가 자신을 성공의 길로 이끌었다고 한다. 활력 혹은 활달함이란 단어에 독자들은 주목하게 되고 스스로 생각하게 된다. 또 한 가지는 강한 근로의욕인데 특히 자신의 업무에 거의 전부를 투입하는 테드 터너만의 독특한 습관이 소개되어 있다.

그는 성인이 된 다음에 끈이 달린 신발을 신어본 적이 없다고 말한다. 그 이유가 재미있는데 "구두끈을 매느라 시간을 낭비하는 대신 나는 무언가 생산적인 일을 한다"는 대목이다. 웃고 넘어갈 수 있는 대목이지만 매우 인상적인 부분이다. 그가 얼마나 일에 몰입했는가는 다음과 같은 대목에서도 엿볼 수 있다.

"나는 직장에 오가는 데도 시간을 낭비하지 않았다. 오랫동안 평일

228

밤에는 사무실에서 잤고, 나중에 여유가 생겼을 때는 CNN 꼭대기 층에 방을 하나 만들어 지냈다. 나는 사람들이 꽉 막힌 도로에서 시간을 낭비할 때 계단을 한 번 오르내리는 정도면 출퇴근할 수 있었고, 매일 그 시간을 일하는 데 썼다."

독자에 따라서 그렇게까지 할 필요가 있느냐고 반문할 수 있다. 하지만 나는 그의 이런 태도에 깊이 공감하고 이런 내용을 강연장에서 혹은 이메일에서 여러 번 인용함으로써 나 자신의 간접 체험으로 삼고 삶의 지혜로 받아들이게 되었다. 이런 짧은 타인의 경험들이 열심히 살아야 할 이유를 만들어주고 어떻게 살아야 할지에 대한 중요한 지식을 제공하는 것이다.

# 05

# 강인한 입체 공부
# '영상 활용하기'

● ●

## 어떻게든
## 공부는 지속한다

"이제 시대는 음성 통화에서 문자 통화로 전환되었고 앞으로는 점점 동영상 통화로 전환되어나갈 것이다. 앞으로는 동영상 통화가 압도적인 우위를 차지하게 될 것이다."

언젠가 미국 벨연구소의 김종훈 원장이 방한했을 때 어느 인터뷰에서 한 말이다. 확실히 기성세대는 동영상에 어색해 한다. 나는 더더욱 그런 부류에 속하는 사람 같다. 한때 아이들이 입시에 매진할 때는 일정 기간 텔레비전을 켜지 않았을 정도였다. 하지만 어차피 영상이 지배하는 시대로 간다면 나도 바뀌어야 할 것 같다고 생각했기에 동영상을 좀 더 효과적으로 활용하는 방법을 생각해보았다.

바로 동영상 강연을 찾아 듣는 방법이다. 영상은 머물지 않고 그냥 스치듯이 지나가버린다. 텔레비전 프로그램을 볼 때면 이것저것 생각할 여유를 갖기 어려울 것이다. 그래서 '영상 활용하기'는 공부법 가운데서도 그다지 잘 활용하지 않는 방법 가운데 하나다. 그러나 시대는 동영상이 주도하는 시대로 가고 있다.

예를 들어, 집에서 텔레비전을 시청하는 경우를 생각해보자. 나는 히스토리 채널이나 트래블 채널 등과 같은 프로그램을 애용하는 편이다. 이때는 항상 두툼한 메모수첩을 곁에 두고 시청한다. 특정 프로그램을 보다가 아주 조금이라도 흥미로운 부분이 나오면 곧바로 메모한다. 특히 그때는 포스트잇처럼 한번 쓰고 버리는 메모지가 아니라 반드시 메모수첩을 사용한다.

왜 메모수첩을 사용하는가? 영상은 강인한 인상을 남기는데 영상물을 보는 것만으로는 공부가 된다고 생각하지 않기 때문이다. 일단은 그것을 신문이나 잡지를 보는 것처럼 새로운 정보를 입수하는 하나의 채널이라 생각한다. 활자는 시간을 두고 이해하기 어려운 부분을 한 번 더 읽어볼 수 있지만, 영상은 '휙' 하고 지나가버리기 때문에 되감아 보기가 어렵다. 그래서 나는 활자 매체처럼 한 번 더 읽는 기능을 보완하기 위해서 메모를 하면서 동영상을 보는 방법을 선택했다. 이 방법은 아주 효과적이다.

예를 들면, 바로 어제저녁에 1920년대 시카고에서 이름을 날렸던 이탈리아계 갱들에 대한 프로그램을 히스토리 채널을 통해서 볼 수 있었다. 아마도 메모를 남기지 않았다면 불과 몇 시간 지나지 않아 내 머릿속에는 1920년대와 1930년대의 시카고 광경과 〈대부〉의 주인공이었던 알 카포네 정도밖에 머리에 남지 않았을 것이다.

그렇게 한두 시간 정도 시청을 마친 다음에 몇 개의 강인한 영상 정도를 머릿속에 남기고 만다면 나의 관점에서는 대단히 비효율적인 시간을 보내는 것이라 생각한다. 물론 영상은 시청하는 순간의 강인한 인상과 같은 매력이란 면에서 활자 매체가 제공할 수 없는 독특한 맛을 가진 것이 사실이다.

하지만 메모를 하면서 영화를 감상하는 사람은 없지 않은가? 아무튼 나는 이렇게 흘러가버리는 것에 대해 강한 아쉬움을 가진 편이다. 나의 메모지에는 일단 3월 6일(토)이란 날짜가 쓰여 있고 그 밑에는 중요한 단어 중심으로 메모가 되어 있다.

'네스, 제임스 H. 윌킨슨, 1931년 10월 17일, 1939년 석방, 1947년 1월 25일 사망…….'

이런 메모는 추가적인 공부에 대한 동기를 부여한다. 1920년대 후버 대통령이 집권하던 당시 시카고의 마피아는 발렌타인 매스커라고 불리는 잔인한 대량 보복 사건 때문에 전 미국 국민의 공분을 사게 된다. 범죄 도시라는 오명 속에서 더는 시카고가 성장할 수 없다고 생각했던 비즈니스계의 거목들 여섯 명이 모여서 후버 대통령에게 청원하고 이들이 수사 비용의 일부를 제공하기로 협의하게 된다.

그때 후버 대통령의 특명을 받고 범죄 조사에 투입된 사람이 회계사 출신의 대단히 차분하고 꼼꼼한 제임스 H. 윌킨슨이다. 그는 치밀한 조사 끝에 카포네를 법정에 세우는 데 성공하게 된다. 이것이 몇 시간이 지난 다음 나의 머릿속에 남아 있는 다큐물의 내용이다. 간단하게 주요 인물들을 몇 개의 단어로 남겨두는 것만으로 이렇게 재생하는 데 도움을 받을 수 있다. 그러나 이 정도라면 정보의 입수 수준에 불과하다.

내가 드라마에 큰 흥미와 호기심을 갖고 있다면 구글을 방문해서 키워드 검색으로 1920년대의 시카고, 제임스 H. 윌킨슨, 시크릿 식스, 알 카포네 등을 검색해서 추가적인 공부를 할 것이다. 영상의 강인한 이미지는 오래오래 남게 되는데 이따금 메모지를 들추면서 혼자서 호기심이 가는 대목을 골라서 공부할 수 있는 것은 이 시대이기 때문에 가능하다고 본다.

과거 같으면 백과사전을 찾아야겠지만 지금은 검색 엔진을 사용하는 것만으로 1920년대의 시카고로 돌아가서 당시의 정치, 경제, 사회, 범죄 사항에 대해 낱낱이 공부를 해볼 수 있다. 당장 실용적으로 도움이 되지 않더라도 이 방법이 가진 매력은 자신의 관심분야를 계속해서 확장시켜줄 수 있다는 것이다.

물론 좀 귀찮긴 하지만 메모수첩을 곁에 두고 영상물을 보는 것은 그다지 어려운 방법은 아니다. 그렇다면 내가 이런 공부 방법을 고안한 중요한 이유는 무엇일까? 시간 대비 효과라는 면에서 영상물은 감동이나 재미를 제공하는 부분을 제외하면 도움이 되는 경우가 드물기 때문이다.

예를 들어, 여러분이 꽤 알려진 동영상 강연 사이트를 활용하더라도 비슷한 문제를 안게 된다. 시청 당시에는 '참 좋다'는 감탄사를 연발할 수 있겠지만 마치고 나면 막상 감동을 제외하면 다른 것들을 가질 수 없다는 아쉬움을 느끼게 된다. 그래서 메모를 하면서 동영상을 시청하는 것은 시청 방법에 대한 개선책이기도 하지만 공부법이란 면에서 진일보한 방법이라 할 수 있다.

## 나의 지식 영역을
## 한껏 확장하라

　　　　　　영상물은 드라마든 다큐멘터리든 간에 속성상 활자보다 내용의 깊이가 다소 가볍고 얕지만 감동, 흥미, 재미를 느끼는 데는 문제가 없다. 그런데 우리가 여기서 관심을 두어야 하는 것은 공부법이다. 영상물 시청이 공부법으로 다루어지게 된다면 과연 어떤 효과가 있을까?

　영상물에서 느끼는 감동이나 재미는 그것 자체로 의미가 있지만 여기서 한 걸음 더 나아가 시청한 영상물을 가치로 만들어내는 수단으로 활용하는 데는 한계가 있다. 마치 우리가 학교나 학원에서 교사로부터 강의를 듣는다고 해서 모든 공부가 완벽하지 않는 것과 마찬가지다.

　그러나 다른 공부법과 마찬가지로 영상물 시청을 통한 공부법도 약간의 노력만 더하면 특별한 효과를 거둘 수 있다. 학교나 학원 수업을 마친 다음에 동영상을 바탕으로 추가적인 공부를 하면 된다. 이런 과정을 통해서 영상물이 제공할 수 있는 중요한 부분들을 완전히 자신의 지식으로 만들 수 있다.

　영상물을 시청하면서 어떤 형식으로든지 간에 반드시 주요 내용에 대한 키워드 정도라도 메모를 남길 수 있어야 한다. 시청하면서 긴 메모는 쓸모없을 뿐만 아니라 시청에 걸림돌이 될 수 있다. 따라서 간단하게 남긴 키워드 중심의 메모를 바탕으로 여러분이 궁금해 하는 내용을 직접 컴퓨터의 검색 엔진을 이용해서 찾아보는 것도 도움이 될 것이다.

드라마에서 다루는 소재가 다양한 것처럼 이 또한 여러분이 다양한 지식과 교양을 쌓는 데 도움을 줄 수 있을 것이다. 사실상 영상물을 통한 공부법이 제공하는 가장 큰 혜택은 깊지는 않지만 관심의 폭을 계속해서 넓혀갈 수 있다는 점이다. 다시 말하면 지식의 깊이는 제쳐놓고라도 지식의 지평 혹은 넓이를 확대하는 데는 확실히 도움이 되는 방법이다.

우리가 지식을 쌓는 방법을 심화와 확산이란 두 가지 측면에서 이해한다면 영상물 시청을 통한 공부법은 여러분이 다룰 수 있는 지식의 범위 즉 교양의 범위를 확대하는 데 이바지한다고 할 수 있다. 한편 영상물은 누구든지 흥미를 끌 만한 주제를 대상으로 만들어진다. 그런 기본 조건을 만족하지 않는 영상물 제작은 이루어지지 않을 것이다. 따라서 아무래도 깊이가 떨어지고 흥미에 큰 비중을 둘 수밖에 없다.

이런 특성에도 영상물이 가진 큰 장점은 스스로 호기심을 갖고 탐구해볼 수 있는 지적 영역을 확장하는 데 도움을 준다는 점이다. 그러니까 공부해야 할 과제를 끊임없이 던져주는 동기부여자로서 뛰어난 기능을 수행한다고 할 수 있다.

## 끝까지 내 생각을 놓지 마라

삶은 단조롭고 반복적이다. 그래서 우리는 삶에 생기와 새로움을 불어넣을 수 있는 다양한 방법을 찾으려 노력한다. 텔레비전을 통해 드라마나 다큐멘터리를 시청하거나 영화관을 찾는 것만큼 짧은 시간 동안 저렴한 비용으로 몰입의 경험을 할 만한 다른 방법들은 별로 없다.

영상물의 가장 큰 효과는 강인한 새로움을 자신의 삶에 더할 수 있다는 점이다. 물론 영상물을 통해서 직접 지식을 축적하기를 바란다면 동영상 강연을 들으면 된다. 요즘에는 본인만 부지런하다면 얼마든지 무료 동영상 강연 사이트를 활용할 수 있다. 이것이 갖는 효과는 앞에서 이미 다룬 경청하기를 통한 공부법이 낳는 효과와 비슷하다.

다만 동영상을 통한 강연은 대부분 다시 듣기 기능이 가능해서 몇 번이고 반복해서 들을 수 있고 경우에 따라서는 텍스트로 활용할 수 있다는 장점이 있다. 특히 영어 강연은 한글본 강연 텍스트를 함께 활용할 수 있다는 장점을 갖고 있다. 이런 경우엔 보기와 읽기가 낳는 모든 효과를 다 포함한다고 할 수 있다.

시대 추세가 점점 동영상을 중시하는 쪽으로 나아가고 있다. 단 몇 분간 집중하면 들을 수 있는 유튜브 형식의 지식 전달 동영상들이 흔해지는 시대이다. 언제 어디서든 단 몇 분의 시간 투자로 지식을 재충전할 수 있다. 물론 이런 동영상 시청은 활자가 제공할 수 없는 재미와 감동까지 얻을 수 있음은 물론이다.

동영상은 또한 지식을 편리하게 전달한다. 역사성이 있는 다큐멘터리나 드라마의 경우엔 깊은 배경 지식이 없더라도 드라마에 주역 혹은 조연으로 등장하는 사람들의 의복이나 배경을 통해서 그 시대의 특성을 쉽게 알 수 있다. 글로써 로마 시대를 묘사하기 위해서는 상당한 설명이 필요하지만, 다큐멘터리는 단 몇 컷의 장면으로 충분하다.

다만 효과라는 면에서 한 가지 점을 강조해둘 필요는 있을 것이다.

의도적인 복습 과정이 없다면 동영상의 가장 큰 효과는 재미와 감동에만 있다고 할 수 있다. 동영상은 특성상 깊은 부분을 터치할 수 없고 시청자 역시 만들어진 콘텐츠를 일방적으로 받아들이는 주체가 된다. 그래서 자신의 생각을 만들어낼 수 있는 여지가 제한적이다. 따라서 동영상 시청이 단순히 재미나 오락적인 요소를 벗어나서 공부법으로 자리 잡기 위해서는 나름의 복습 과정이 반드시 필요하다.


∙ ∙ ∙

## 삶의 또 다른 생동감을
## 전달받아라


영상 시청하기를 공부법으로 활용하기 위해서는 어떻게 해야 할까? 동영상으로 공부하기의 초점은 재미와 감동은 물론이고 가치를 만들어내는 원재료로 동영상을 사용해야 한다는 원칙을 분명히 갖는 것이다. 따라서 '내가 이것으로부터 무엇을 배울 수 있을까?'라는 질문을 자신에게 던지면서 영상물을 시청하는 방법을 권하고 싶다. 그냥 멍하게 시청하는 것과 '뭘 배우지?'라는 간단한 질문을 던지면서 시청하는 것 사이에는 상당한 차이가 있다. 그 차이를 간단하게 표현하면 두뇌는 던지는 질문에 대해서만 답을 한다는 사실이다.

예를 들어, 앞에서 소개한 1920년대 말엽의 시카고 조직범죄사례를 보자. 1920년대 시카고 상황, 미국의 정치와 경제 상황 등에 대해 어느 정도 식견을 정리할 수 있다. 당시에 증인들이 협조하지 않은 데는 대공황을 전후한 정부에 대한 반감과 조직폭력배의 무차별적인 보복이 큰 역할을 했다는 내용이 영상물에 등장한다. 질문은 당연히 메모로 연결되어야 한다.

영상을 시청하면서 인명이나 연대 그리고 주요 키워드를 간단하고 재빠르게 메모로 남겨두는 일이 꼭 필요하다. 호기심과 질문 자체가 메모를 열심히 하는 동기를 부여해 주지만 그 역도 가능하다. 영상을 보면서 메모수첩에다 중요한 키워드를 남기다 보면 자연히 질문에다 생각마저 더하게 된다.

우선 영상이 가져다준 생생한 감동이 사라지기 전에 검색을 통해서 당시 상황을 좀더 세세하게 읽어볼 수 있다. 또한 메모지에 남겨진 주요 키워드 가운데서 궁금한 부분을 반드시 검색 기능을 사용해서 확인해본다면 더 정확한 정보를 입수할 수 있다. 이렇게 하다 보면 처음에는 지식에 대한 확장이란 부분에도 이바지하는 바가 크지만 동시에 자신이 가질 수 있는 관심의 범위를 넓히고 교양 수준을 높이는 데도 큰 도움이 된다.

텔레비전을 시청한 후 즉시 할 필요는 없지만, 자신이 원하는 편안한 시간대를 선택해서 공부에 깊이를 더해야 한다. 결국 공부로 영상을 볼 때는 두 가지 스텝이 필요한데 하나는 시청하는 일, 다른 하나는 검색한 후에 읽어보는 일, 즉 복습이다. 최신 각종 모바일기기는 이런 공부를 도와줄 수 있다는 점에서 획기적인 도구들이다. 만일 여러분이 아이패드나 갤럭시 탭과 같은 모바일기기를 바로 곁에 두고 있다면 특정 프로그램을 시청하다가 잠시 광고를 하는 시간에 바로 그 장소에서 검색 기능을 활용하면서 궁금한 부분을 즉시 확인할 수 있다.

물론 모든 시청각 자료들을 이용하는 데 이 같은 과정을 밟을 수는 없다. 다만 순수 드라마의 경우엔 재미나 감동이란 면에 무게중심이 실려야겠지만 역사물이나 다큐멘터리와 같이 정보 입수가 가능한 대상들에 대해서는 위에서 설명한 방법을 적극 활용해야 한다. 영화 가운데서도 실화물은 위의 방법이 다소 뜸하게 사용되지만 호기심을 갖고 주요 키워드를 메모로 남기는 일은 적극 활용할 만하다.

그냥 앉아서 '재미있다'는 감동만을 느끼기엔 시간이 다소 아깝다고 생각하는 사람들이라면 나의 제안을 받아들여도 좋을 것이다. 아무튼 여러 공부법 가운데서도 유독 영상물 공부법은 짧은 시간 안에 복합적인 정보를 한두 장면으로 전달받는 데 뛰어난 방법이다. 따라서 잘 사용한다면 여러분의 삶에 집중적인 생동감을 더하는 데도 크게 도움을 줄 것이다.

# 06

# 매우 특별한 메모
# '카메라 활용하기'

## 매 순간 새로움을 찍는
## 사냥꾼이 돼라

카메라를 이용해서 공부하는 법은 쉽고 편리하고 유익한 방법이다. 내가 일상생활에서 자주 사용하는 카메라 이용 공부법은 특히 비즈니스 현장에서 활동하는 분들이라면 적극 활용해야 할 공부법이다. 일단 사람은 눈眼이 살아 있어야 한다. 여기서 살아 있다는 표현은 눈이 마치 레이더망처럼 항상 주변을 주의 깊게 보고 특별한 것, 신기한 것, 놀라운 것, 궁금한 것 등을 만나게 되면 독수리가 먹이를 낚아채듯이 그 순간을 놓치지 말아야 한다는 것이다.

나는 강연 덕분에 비교적 다양한 장소를 방문할 기회가 있기 때문에 언제 어디를 방문하든지 간에 새로운 것을 만나는 일 자체를 자연스러운 일로 받아들인다. 예를 들어, 얼마 전 나는 인천 송도의 쉐라톤 호텔을 방문할 기회가 있었다. 나는 로비를 통과해서 화장실 문을 열고 들어가자마자 두 가지 특별한 점을 만날 수 있었다.

하나는 다른 곳과 달리 이곳 화장실은 사용자가 손을 씻고 난 다음에 바로 앞의 윗부분에 보관된 화장지를 빼서 사용할 수 있도록 설계되어 있는 것이었다. 그렇게 하면 바닥에 물이 떨어지지 않아 바닥 청소를 자주 하지 않아도 된다. 나는 다른 사람이 무심코 넘길 수 있는 일이라도 새로운 광경을 만나게 되면 잠시 멈추어 서서 카메라를 꺼낸다.

예전에는 '똑딱이'라 불리는 간편한 소형 카메라를 사용했지만, 이제는 그런 카메라를 사용할 필요가 없다. 웬만한 스마트폰의 카메라 기능이 탁월하기 때문이다. 물론 줌인 줌아웃 기능이 없기는 하지만 실내를 찍는 데는 아무런 문제가 없다. 이렇게 카메라로 찍어서 내가 알고 싶은 부분을 확실히 기록으로 남겨둔다. 예전에는 집에 돌아간 다음에 카메라에 담긴 사진들을 컴퓨터 케이블로 연결해서 옮겨 담는 작업을 했으나 지금은 찍은 순간 바로 내가 찍은 사진을 전송할 수 있다.

나는 인터넷 공간에 항상 내가 찍은 사진을 보관하고 불러올 수 있는 공간을 마련해두었는데 이곳이 바로 야후의 계열사인 플리커다. 예를 들어, 여러분이 스마트폰에 플리커라는 앱을 받으면 여러분이 찍은 모든 사진을 거의 실시간으로 여러분 인터넷 공간에 보관할 수 있다. 폴더 기능을 사용하면 멋진 분류 체계에 맞춰서 마치 도서관에 자료를 보관하는 것처럼 사진이나 동영상을 보관할 수 있다.

과거에 비하면 이것은 거의 혁명적인 발전이다. 찍는 것과 보관하는 일을 동시에 진행할 수 있기 때문이다. 이런 방식은 클라우딩 컴퓨팅의 초보적인 모습을 말한다. 이렇게 보관된 사진이나 동영상 자료는 인터넷이 연결되는 상황에서는 언제 어디서나 이용할 수 있고 영구적으로 보관할 수 있다. 이처럼 나는 항상 새로운 것을 찾아내려고 노력하는데, 이런 노력은 처음에는 의식적이었지만 이제는 하나의 습관을 넘어 습성이 되어버렸다. 그것도 좋은 습성 말이다.

새로운 것을 언제 어디서나 구하다 보면 살아가는 매 순간순간이 항상 공부라는 생각이 든다. 특별하게 공부를 하기 위해 시간을 내지 않더라도 숨 쉬는 모든 순간에서 새로운 것을 발견해내는 그런 공부를 말한다. 새로운 사물이나 현상들은 언제나 강인한 자극을 준다. '와, 대단하다'라는 탄성을 만들어내는 것만으로 일단은 공부가 이루어진다.

그런 다음 사진을 찍고, 그리고 잠시 짬을 내서 카메라에 담겨 있는 사진을 하나하나 다시 보는 것이다. 그다음 더 깊은 공부는 사진을 소재로 가벼운 글쓰기를 해보는 일이다. 이는 블로거들이 주로 사용하는 공부법이라 할 수 있다. 사진을 블로그나 홈피에 올리고 가벼운 글을 적어보는 일이다.

이 공부법이 가진 큰 장점은 특별한 노력이 필요하지 않다는 점이다. 여러분이 늘 갖고 다니는 스마트폰의 카메라 기능을 이용해서 '음, 신기한데'라는 반응이 나오는 모든 것들을 찍고 이것을 보관하면서 공부할 수 있고 그 공부를 심화시키고 싶다면 추가로 사진에 해설을 더하는 방법을 사용하면 된다. 나는 이 방법을 통해서 공부할 뿐만 아니라 유쾌하게 세상을 살아가고 있다. 오늘도 나는 사냥꾼이 되어서 일터로 나간다. '오늘은 새로운 것이 뭐가 있을까?'라고 말하면서 말이다.

## 삶을 적극적으로 만드는
## 카메라와 함께하라

카메라는 아주 특별한 형태의 메모라고 생각하면 된다. 포착 당시의 현상을 생생하게 담고 있기 때문에 일단 정보 면에서 메모에 비교할 수 없을 정도로 많은 양을 갖고 있다. 우선 카메라는 여러분 눈을 스쳐 지나가는 정보 가운데서도 놓쳐선 안 되는 정보들, 즉 여러분 활동에 도움이 될 수 있는 정보들을 담아서 제공한다.

우리의 기억은 그다지 믿을 수 없는 부분이 많아서 약간만 시간이 흘러도 뒤죽박죽되고 가물가물하기 마련이다. 그러나 카메라에 담긴 정보는 거의 영원히 보관된다. 메모는 축약된 정보를 담을 수 있지만, 사진은 여러분이 포착하는 순간, 특별한 주의를 두지 않았던 주변 정보까지 모두 포함할 수 있다는 점에서 정보 포착 및 저장 도구로서 탁월한 기능이 있다.

다음으로 카메라 활용 공부의 효과로는 포착된 정보를 갖고 무엇인가를 해볼 수 있다는 점을 들 수 있다. 카메라에 담긴 정보는 원재료에 속한다. 원재료를 이용해서 다양한 가치를 만들어내는 방법을 갖고 있다면 다양하게 활용할 수 있다.

우선은 가벼운 글쓰기나 집필이나 기획 등에서 귀한 자료로 활용할 수 있다. 나는 내가 가진 가설이나 주장 그리고 의견을 입증하기 위한 원재료로서 카메라에 담긴 정보를 사용하기도 하지만 때로는 한 장 혹은 몇 장의 사진을 갖고 그것을 기준으로 생각을 정리해두는 작업을 자주 한다. 이는 사진을 이용해서 가치를 만들어내는 중요한 작업이라 생각한다. 때로는 강연장에서 며칠 전에 찍은 단 한 장의 사진을 갖고 20~30분 정도 내 생각을 정리해서 이야기하기도 한다. 사진이 담고 있는 정보는 경우에 따라서 이처럼 다양한 메시지를 담고 있고 전달할 수 있다.

사진이나 동영상이 줄 수 있는 또 다른 가치는 즐거움과 유쾌함 그리고 추억이다. 다른 사람의 사진이 아니라 여러분이 직접 찍은 사진에는 사진을 찍던 당시의 환경이나 시간 그리고 장소들이 모두 포함되어 있다. 그래서 여러분이 특정 사진을 보고 흐뭇해 한다는 사실은 그 사진 속에 담겨 있는 전체 정보를 한꺼번에 수용하고 있다는 뜻이기도 하다.

사진은 이처럼 정보 보관이나 전달 면에서도 탁월하지만, 정보를 수집하는 일에서도 충분한 인센티브를 제공한다. 예를 들어, 여러분이 카메라를 사용하지 않을 때는 무심코 지나갈 수 있었던 사물이나 현상도 카메라를 자주 사용하게 되면 그냥 지나칠 수 없다. 그만큼 카메라를 자주 사용하는 사람들은 삶의 예리함을 유지할 수 있다.

즉 카메라라는 도구 자체가 처음에는 도구의 의미만을 지니지만, 점점 카메라 이용 횟수가 늘어나면서 단순한 도구의 의미를 넘어서 확장된 신체 일부처럼 작동하게 된다. 다시 말하면 인위적으로 만들어내는 '감각'의 기능을 수행하게 된다. 카메라는 좋은 것이나 신기한 것을 보면 자연스럽게 이를 주의 깊게 보는 예리한 관찰력을 강화하는 데 탁월한 도구이다. 카메라를 이용한다는 사실만으로도 우리는 새로운 것을 더욱 적극 찾아 나서게 된다.

‘뭐, 새로운 것은 없을까?’ 혹은 ‘좋은 것이 어디에 없을까?’라고 자신에게 질문을 던지고 이에 대한 답을 찾도록 유도하는 것 역시 카메라를 통한 공부법이라 할 수 있다. 따라서 카메라는 여러분에게 언제 어디서나 질문을 던지는 훌륭한 질문자이자 동기부여가이다.

## 더 효과적으로
## 카메라를 운용하라

카메라를 이용해서 공부하기의 첫 단계는 휴대전화에 앱으로 내장된 카메라를 더 적극적이고 효과적으로 사용하는 일이다. 물론 예전에는 간편한 소형카메라로 불리는 휴대용 카메라를 주로 사용했지만, 이것은 스마트폰용 카메라와 달리 인터넷에 바로 연결할 수 없어 불편하다. 간단한 차이 같지만 찍은 정보를 처리하는 점에서 큰 격차를 낳게 된다. 그래서 특별한 경우가 아니라 단순히 시각적인 정보의 취득이나 보관이라는 점에서 보면 스마트폰의 카메라 기능처럼 막강한 것도 드물다고 할 수 있다.

새로운 장소에 가면 항상 관심 있게 주변을 둘러보라. 쓸 만한 정보, 감동할 만한 정보, 즐거운 정보를 만나게 되면 이것저것 따지지 말고 일단은 스마트폰의 카메라로 찍어두어야 한다. 이때 중요한 것은 얼마나 신속하게 카메라용 앱을 가동하고 찍을 수 있느냐는 점이다.

스마트폰 최신 모델일수록 카메라의 해상도가 놀랍도록 나아지고 있다. 포착한 장면을 사진으로 담기 위해서는 스마트폰의 스크린에서 화면을 배열할 때도 손쉽게 찾을 수 있는 곳에 배치해두는 현명함이 필요하다. 카메라를 사용할 때는 얼마나 편리하고 신속하게 셔터를 누를 수 있느냐는 점이 매우 중요하다.

다음으로 중요한 점은 찍은 사진이나 동영상을 어떻게 정리하고 보관할 것이냐는 점이다. 많은 사람들이 찍은 사진을 그냥 카메라에 쌓아두는 데 그친다. 더 체계적인 방법을 사용하면 좋다. 그것은 동영상공유사이트를 사용하는 일이다. 야후의 계열사인 플리커를 권하고 싶다. 국내 업체에서도 클라우딩 컴퓨터 서비스의 하나로 제공하기도 한다.

이 서비스는 인터넷상에 보관되어 있을 때 언제 어디서든 그 정보를 불러와 사용할 수 있다. 따라서 스마트폰용 카메라와 사진공유사이트의 계정을 갖는 일은 카메라 공부하기를 원하는 모든 분이 반드시 갖추어야 할 기본 조건에 해당한다. 그다음 단계는 찍은 사진을 편리하게 사진공유사이트에 이동시키는 방법이다. 이런 점에서 스마트폰은 탁월함 그 자체다.

몇 장 정도를 찍은 경우라면 여러분은 찍은 순간 바로 플리커 등을 작동시켜서 사진공유사이트로 사진을 전송할 수 있다. 만일에 여러분이 제법 많은 사진을 찍었다면 이동 중에 사용하는 노트북 혹은 태블릿 PC에 간단한 연결 코드를 이용해서 전송할 수 있다. 그렇지 않은 경우엔 집에 도착해서 연결 코드로 데스크톱에 연결하면 된다. 나는 이동 중에 찍은 사진은 대부분 그 자리에서 플리커로 옮겨버린다. 다시 돌아가면 연결 코드를 준비하는 작업이 번거롭기 때문이다.

하지만 행사나 여행처럼 찍은 사진들이 많은 경우라면 다루는 방법이 달라진다. 이 때는 시간이 꽤 소요되기 때문에 데스크톱을 사용해서 찍은 사진들을 모두 전송하는 방법을 권하고 싶다. 이때도 모든 사진 공유사이트는 자신들만의 분류 체계를 제공한다. '태그' 기능을 활용해서 일정한 분류 체계 아래 관련 사진들을 함께 모아 두면 훗날 사진을 보관하고 관리하고 활용하는 데 큰 도움을 받을 수 있다.

행사의 경우에는 행사 명칭을 태그로 사용하면 되고 그밖에 소소한 자료들이라면 시간별로 정리하면 된다. 예를 들어, 2011년 일사분기라면 '201101' 등과 같은 태그를 사용해서 그 기간 동안 찍었던 모든 정보를 보관해두면 도움이 된다. 사람은 대략 언제 찍었던 사진인지 정도는 기억할 수 있기 때문이다. 아주 중요한 사진이면 플리커 등에도 보관하지만, 컴퓨터 바탕화면에 포토 섹션을 만들어서 별도로 사진을 보관하는 일도 권할 만하다. 이렇게 하면 이중으로 사진을 보관할 수 있게 된다.


## 각자 강력한 이미지의
## 인상을 남겨라

이동 중 단 몇 분의 시간을 소요해 스마트폰으로 사진을 이동시킬 수 있게 된 것은 정말 대단한 발전이라 할 수 있다. 찍는 일과 이동시키는 일을 단 하나의 과정으로 처리할 수 있다는 것은 얼마나 편리한지 모른다. 이렇게 모은 자료를 어떻게 활용하는가는 개인에 따라 다를 것이다.

나는 철두철미하게 새로운 정보원의 하나로 간주한다. 찍은 사진을 활용하는 방법은 여러 가지가 있다. 이 가운데서도 으뜸은 사진에 대해 나름의 의미를 부여해보는 일이다. 여러분이 어떤 장면에 눈길을 주고 그것을 카메라로 담을 때는 순간적으로 아름답다, 신기하다, 새롭다, 특별하다 등 여러 가지 의미가 있을 것이다.

특정 장면을 포착할 때는 그런 느낌을 받았을 때 카메라를 사용할 것이다. 초보적인 의미 부여로는 특정 시점이나 장소에서 찍은 사진을 한 번 더 점검해보는 일이다. 한 장의 사진을 보면서 약간의 시간을 갖고 자신이 특정 상황을 담을 때의 맥락을 다시 생각해볼 수 있다.

잠시 그런 맥락을 머리에 떠올려보는 것만으로도 공부로서 의미가 있지만 여기서 한 걸음 더 나아가보자. 물론 모든 사진을 그렇게 할 수는 없다. 하지만 여러분이 찍은 사진들 가운데선 특별한 의미를 부여하고 재점검하고 싶은 것들이 있을 것이다. 그런 경우라면 누가who, 무엇을what, 언제when, 어디서where, 왜why, 어떻게how로 이루어지는 육하원칙에 따라 어떤 사진인지를 설명하고 거기에 나름의 의견을 더해보는 가벼운 글쓰기를 해보자. 그것은 탁월한 공부방법이다.

찍은 사진을 갖고 자신의 의견을 정리해보는 것만으로도 의미가 있다. 이때 그림을 묘사하는 일도 가치가 있고 그것에 대해 나름의 의미를 부여하는 일도 자신만의 시각으로 사물이나 현상을 바라보는 눈을 키워준다. '이 장면은 어떤 장면들과도 비슷하다.' 이런 설명을 더하는 것으로 충분하지만 여기서 한 걸음 더 나아가 이런 사진을 토대로 추가적인 정보를 찾아보는 일도 도움이 된다.

주로 검색 엔진을 이용해서 사진과 직간접적으로 관련된 정보를 찾아서 읽고 전통적인 책을 읽듯이 관련 정보를 확인해보는 일도 가치가 있다. 이런 단순한 의미 부여에 그치지 않고 그런 이미지를 바탕으로 글

을 써본다는 것은 더 깊은 의미를 부여하는 일이자 자기 자신의 의견이
나 주장을 만들어가는 과정이다.

일종의 지적 훈련과정을 스스로 수행하는 것으로 보면 된다. 문장과
달리 이미지는 강력한 인상을 남긴다. 그래서 자신에게 강력한 인상을
남겼던 이미지 정보를 직접 보면서 자신의 두뇌 속에 정리하는 과정이
필요하다.

# 사회적 자아를 확장하는
# '대화 나누기'

· ·

## 모든 대화를
## 공부로 만들어라

　　　　　직접 만나서 나누는 대화는 공부법의 하나로 중요하다. 우선 사람이 서로의 얼굴을 보면서 이런저런 이야기를 나누는 것은 단순히 정보를 전달하는 그 이상의 의미가 있다. 인간은 보고 듣고 느끼고 말하는 과정을 통해서 직접 만나지 않았더라면 불가능했던 아이디어를 발견해낼 때가 많다. 이런 아이디어들은 대화하기를 통해서 각자가 가진 정보와 지식이 서로 충돌하고 결합하면서 일어나는 현상이다.

　내가 자주 활용하는 하나의 공부법은 특정 목적을 가진 사람들이 함께 모여 앉아 대화를 나누는 일이다. 예를 들어, 기획을 목적으로 출판사에서 편집을 맡은 사람들과의 대화 나누기나 특정 프로젝트를 수행하기 위해 직원들과 얼굴을 맞대고 앉아서 대화를 나누는 일이다. 사실상 두 명이 아니라 서너 명이 함께 앉아서 서로 묻고 답하기를 계속하다 보면 아이디어의 흐름에 가속도가 붙으면서 좀처럼 생각해낼 수 없었던 아이디어들이 쉼 없이 쏟아져나오는 일을 경험한다.

대화를 나누는 사람들이 기록하는 일에 몰두하다 보면 자주 아이디어의 흐름이 끊기기 때문에 이때 누군가 대화 내용을 찬찬히 기록하는 사람이 있으면 더할 나위 없이 좋을 것이다. 대화에 참여하는 사람들은 마치 물이 흐르듯 아이디어의 흐름을 원활히 하기 위해서 가능한 메모하기를 줄여야 한다.

대화 나누기의 또 다른 기회는 새로운 만남에서 이루어진다. 강연이 90분이라면 마지막 10분 정도는 주로 질의 응답하는 시간을 가진다. 강연하는 사람은 다수 참가자로부터 강의와 관련해서 궁금한 점에 대해 질문을 받게 된다. 강의를 끝낼 무렵에 질문을 받는 것은 넓은 의미에서 대화 나누기의 변형된 모습에 해당한다. 직접 얼굴을 마주 보고 이야기하는 것은 아니지만, 상대방이 질문하는 순간 강연자 대 청중의 관계가 일대일의 관계로 바뀌게 된다.

내게 공부법으로서 효과적인 또 하나의 대화법은 상대방의 질문에 즉흥적으로 답하는 것이다. 우선은 질문을 받은 장소에서 상대방의 질문에 대해서 1분 내외 짧은 시간 동안 정리된 이야기를 전달한다. 그런데 이는 즉흥적인 반응이라고 보는 것이 좋다. 공부라는 측면에서 보면 다소 중요도가 떨어지는 상황이지만 여기서 한 걸음 나아가면 확실한 공부를 할 수 있는 다른 방법들이 나온다.

던진 질문을 그냥 넘겨버리지 말고 자신의 답이 충분하지 않았거나 새로운 질문이라고 판단하면 간단한 키워드라도 기억에서 사라지기 전에 남겨두는 일이 필요하다. 한편 공식적인 모임에서 나누는 대화도 좋지만, 아내를 비롯한 친인척이나 친구들과의 대화에서도 많은 것을 배운다. 예를 들어, 아내와 대화를 나누는 경우를 생각해보자. 나와 아내가 만나는 사람이나 흥미를 갖는 분야는 크게 다르다. 나는 하루 생활 중에 겪은 특별한 일이나 모임에 참가해서 나누었던 특별한 대화 내용을 아내와 서로 전달하면서 한번쯤 생각해봐야 할 일을 포착하기도 하고 추가로 찾아봐야 할 것을 발견하기도 하며 가벼운 글쓰기의 소재를 만나기도 한다.

나는 내가 가진 의견이 어떠한지 아내에게 물어보기도 한다. 아주 넓은 의미에서 보면 누군가와 대화를 나누는 일뿐만 아니라 무엇인가를 관찰하는 것이나 느끼는 것도 대화하기에 해당한다. 그것은 특정 사물이나 현상이 나에게 말을 걸어오는 것으로 볼 수 있기 때문이다. 직접 만나지 않고 나눌 수 있는 대화 가운데 으뜸은 SNS이다. 나는 트위터를 늦게 시작했지만 자주 활용하는 사람이기도 하다. 트위터야말로 연령, 성별, 지역, 직업을 불문하고 다수 사람과 대화를 나누는 멋진 방법이다.

서로가 어떤 생각을 하는지, 어떻게 느끼는지, 문제가 무엇인지 등에 대해 주고받는 과정에서 정말 많은 것을 배우고 느끼고 생각할 거리를 얻게 된다. 세상에 대한 이해뿐만 아니라 세상 사람들과의 공감대를 형성하는 데 유력한 방법이 바로 트위터이며 이것 역시 대화 나누기 가운데 하나라고 생각한다.

## 아이디어 배양,
## 공감능력 확장의 대화

대화하다 보면 아이디어의 충돌이 일어난다. 두뇌 속에서 어떤 화학반응이 일어나는지는 자세히 알 수 없지만, 회의처럼 일정한 형식을 갖추지 않고 편안하게 대화를 나누는 과정에서 아이디어나 정보가 섞이거나 충돌하는 일이 일어나게 되고 그런 과정을 통해서 자연스럽게 새로운 아이디어가 만들어지게 된다.

이는 기업에서 흔히 사용하는 브레인스토밍 방법과도 유사하다. 따라서 대화 나누기를 통한 공부법이 가져다줄 수 있는 가장 큰 효과는 번뜩이는 아이디어를 만들어내는 일이라 할 수 있다. 그러면 화상이나 동영상을 통한 대화 나누기는 어떨까? 물론 소리만을 교환하는 대화보다 효과가 있겠지만 아무래도 직접 얼굴과 얼굴을 맞대고 이루어지는 대화와 비교할 수는 없다.

편안한 환경, 이를테면 딱딱한 의자가 아니라 편안함을 가져다주는 환경에서 아무런 제한 없이 이런저런 대화를 나누다 보면 대화는 점점 리듬을 타게 되고 그런 리듬을 타는 과정에서 '이렇게 해보면 어떨까?'라는 아이디어들이 스쳐 지나가듯 등장하게 된다. '스쳐 지나가듯이'라는 표현은 아이디어들이 대화 나누기 중에 문득문득 출현하게 된다는 이야기다.

물론 이렇게 출현한 아이디어들이 모두 실행에 옮겨질 수는 없다. 왜냐하면 다소 황당하게 여겨지는 아이디어들도 나오기 때문이다. 하지만 그런 아이디어조차도 환영할 만한 일이다. 왜냐하면 황당한 아이디어 중에 일부는 약간만 변형하면 실행 가능한 아이디어가 될 수 있기 때문이다. 흐름을 막지 않고 자유스럽게 대화를 나누는 것의 효과는 정말 대단하다. 단, 누군가 이를 기록해 남겨둔다면 그런 효과에 유익함을 더할 수 있을 것이다.

대화 나누기를 통한 공부법은 또 다른 능력을 키워준다. 그것은 상대방에 대한 이해를 높여주는 일이다. 자본주의 체제를 살아가는 사람은 인정하든 인정하지 않든 간에 무엇인가를 타인에게 판매하는 사람들이다. 그것이 물건일 수도 있지만, 무형의 의견이나 주장 그리고 이론일 수도 있다. 상대방의 처지와 환경을 더 잘 이해할 수 있다면 그만큼 자신의 것을 판매하거나 전달하는 데 큰 성과를 거둘 수 있다.

이때 필요한 능력이 공감능력이라 할 수 있는데, 공감능력은 타인의 입장에 자신을 대입해보는 질문이나 태도에 의해서 만들어지게 된다. 서로 대화를 나누는 일은 잠시 상대를 위해서 멈추어 서서 상대방이 흥미를 느낀 주제를 제시할 수 있어야 하고 상대방의 말이나 반응에 맞장구를 쳐야 하는 등 대화를 나누는 당사자들 사이에 끊임없는 상호작용을 요구한다.

상대방 입장이 될 수 없다면 대화는 끊기고 대화에 참가한 사람들은 흥미를 잃게 된다. 따라서 제대로 대화를 나누는 것은 곧바로 공감능력을 배양하기 위한 훈련과정이라 할 수 있다.

# 무궁무진한
# 대화 나누기의 효과

대화 나누기 공부법이 주는 또 다른 효과는 상대방을 도울 수 있다는 것, 즉 상대방에게 용기와 위안을 주는 일이다. 인간은 누구든지 타인으로부터 인정받고 싶은 강한 욕망이 있다.

내가 관찰한 바로는 이런 욕망으로부터 자유로운 사람은 거의 없다. 이것은 젊은이든 나이 든 사람이든 간에 인간이 가진 공통점이다. 대화를 나누면서 우리는 상대방을 인정하고 격려하고 위안하고 인정해줄 수 있다. 이런 과정에서 우리는 상대방과 잘 지내는 방법, 상대방에게 우호적인 이미지를 어떻게 남길 수 있는가를 배우고 훈련할 수 있다.

이것은 말하는 사람이 상대방에게 제공하는 용기, 위안, 인정 등과 같은 가치 이외에 말하는 사람이 직접 혜택을 볼 수 있는 효과다. 이것은 서로가 각자에게 필요한 가치를 주고받는 셈이다. 상대방과 주고받는 효과는 책을 통해서는 배우기 어렵다. 설령 머릿속에선 이렇게 해야 한다고 생각하더라도 직접 해보지 않으면 상대방과 잘 지내는 방법, 상대방을 격려하는 방법, 상대방에게 우호적인 이미지를 남기는 방법은 배우기 어렵다. 이런 능력들은 앎의 영역이라기보다는 경험의 영역에서부터 만들어지기 때문이다.

한편 직급이나 나이와 관계없이 특정 분야에서 오래 일해온 사람은 전문가로서 지식과 관점을 갖고 있다. 특히 자신의 분야에서 전문가의 위치에 있다. 그런데 일한 경험이 짧은 사람이라면 전문가들이 가질 수 없는 특별한 장점을 갖고 있다. 이는 새로운 시각으로 자신이 일하는 분야를 볼 수 있는 안목을 말한다. 대화를 나눈다는 것은 다른 측면에서 이야기하면 타인의 경험을 입수하는 것을 뜻한다.

즉 가장 짧은 시간 안에 다른 사람이 가진 정보나 지식 그리고 관점을 얻는 것을 말한다. 이때 또 하나의 중요한 포인트는 책과 비교해 더욱 생생하게 최신 정보나 지식 그리고 경험을 더 많이 받아들일 수 있다는 점이다.

한번은 자수성가한 사장님과 대화를 나눈 적이 있었다. 우연히 그분이 어떻게 공부하는가를 확인할 수 있는 경험을 했다. 어떤 문제에 대해 내가 첫째, 둘째, 셋째 순서로 차근차근 나의 의견을 정리해서 이야기하면, 그 사장님은 손가락을 꼽아보면서 하나, 둘, 셋 순서로 되새기듯이 한 번 더 나의 이야기를 확인했다.

나는 그분에게 뭐라고 이야기하지는 않았지만, "이분은 이런 방법으로 타인과의 대화 속에서 학습하는구나"라고 생각했다. 그러니까 상대방의 말 가운데 의미가 있는 부분을 손가락을 꼽아가면서 머릿속에 하나하나 정리해가는 방법으로 학습함을 뜻한다. 그분은 타인의 지식을 입수하는 나름의 방법을 가진 분이었다.

또한 대화 나누기를 통해서 타인으로부터 무엇인가를 받아들일 수 있는데 이는 예상하지 못한 장점을 한 가지 가져온다. 그것은 끊임없이 자신을 낮추고 늘 배우고 익히면서 자신을 발전시키는 노력이다. 대화 나누기는 분명 인간 성장을 위한 공부법이다. 요컨대 주의 깊게 듣는 일, 대화 가운데 핵심을 잡는 일, 중요한 포인트를 간단하게 기록해 보는 일, 대화 상대방이 더 많은 이야기를 하도록 격려하는 일, 상대방이 인정받고 싶은 욕구를 충족시켜주는 일, 자신의 부족함을 쉼 없이 깨우치는 일, 이 모든 것들은 자연스럽게 대화를 나누다보면 나올 수 있는 기대 이상의 효과들이다.


## 물 흐르듯 생동감 넘치는
## 자리를 마련하라

이따금 건설적인 대화를 나눌 수 있는 모임을 가져야 한다. 형식에 맞춘 의례적인 대화 모임 외에 현안 과제나 주제에 대해 자유롭게 대화를 나눌 수 있는 소규모 모임이 적합하다. 딱딱한 의자에 앉아서 업무의 한 부문으로 진행하는 협의와는 다른 한껏 자유로운 모임이라면 훨씬 큰 효과를 거둘 수 있을 것이다.

나는 특정 목적을 가진 의도적인 소규모 모임을 비교적 자주 가진다. 편안한 분위기에서 서로 의견을 나누는 모임인데 이 모임 형식은 자유스럽지만 무엇을 위한 모임인가에 대해서는 참가자들이 공감대를 갖고 있다. 모임은 편안하게 거실에 앉아서 진행할 수도 있고 혹은 분위기 좋은 찻집에 둘러앉아서 할 수도 있으며 회의실에서도 할 수 있다.

다만 물리적으로 지나치게 익숙한 장소보다 약간의 변화가 있으면 더 효과적이다. 함께 앉아서 엄격한 시간제약 없이 물 흐르듯이 이런저런 이야기를 나누는 모임에서는 그 어떤 모임보다 짧은 시간 안에 아이디어를 찾아내게 된다. 그런데 대화 나누기에서 유념해야 할 점은 '마치 물이 흐르듯이'라는 표현이다.

아이디어 흐름이 활발하게 이루어질 수 있도록 분위기, 장소, 대화 참가자 수를 적절히 조절할 필요가 있다. 너무 많으면 의례적인 대화가 될 수 있기에 3~5명 정도가 적당하다고 생각한다. 조직을 이끄는 분들도 워크숍을 가기 위해 분주해 하기보다는 수시로 이런 작은 소모임을 통해서 아이디어를 수렴하는 방법을 취해보면 도움이 될 것이다. 이때 형식은 대단히 자연스러운 모임이라 하더라도 사후 조치는 명확해야 한다.

참석자 가운데 한 사람이 대화 내용 가운데 중요한 내용을 기록으로 남기거나 아니면 대화하는 사람 중 일부가 자신의 기록을 남길 수도 있다. 좀더 확실한 방법은 나눈 대화 가운데 반드시 공유해야 할 부분은 기록해 이메일 등으로 공유함으로써 무엇을, 언제까지, 누가 그리고 어떻게 할 것인가를 명확히 정리하는 일이다. 공부법으로서 대화 나누기는 대화를 하는 중에 좋은 콘텐츠를 주고받는다는 점에서 중요하다.

이에 더해 대화하기를 통한 공부법은 다른 능력들을 키워준다. 위에서 잠시 언급한 바와 같이 대화 상대가 편안한 마음으로 더 많은 이야기를 할 수 있도록 돕는 능력은 직업인으로서나 생활인으로 무척 중요한 능력이다. 이러한 공감능력을 키우기 위해 대화 중에도 여러분의 입장뿐만 아니라 상대방 입장에 서서 어떤 대화를 나눌 것인가에 초점을 맞추도록 해야 한다.

또한 대화를 통해 상대방이 여러분에게 우호적인 시각, 좋은 감정을 가질 수 있도록 해준다. 이것 역시 여러분 성공에 필수적인데, 타인에게 감동을 주는 능력을 키우는 과정임을 명심하고 더 나은 성과를 거두기 위해 노력해야 한다. 물론 더 나은 대화법을 익히기 위해서는 소통 관련 전문가들이 집필한 대중서들을 보는 것도 도움이 된다.

다만 이런 책들을 독파하기 전이라도 상대방을 인정하고 배려하면서 상대방의 지식이나 정보 그리고 경험으로부터 무엇인가를 배운다는 기본 원칙을 갖는 것만으로도 여러분은 대화하기를 통해서 많은 것들을 공부할 수 있을 것이다. 책을 통해 배우는 것과 상대방 말을 통해 배우는 것 사이에는 간격이 있다. 후자가 훨씬 생동감 넘친다.


## 마음을 열고
## 트위터로 대화하라


대화를 통해 배우기의 또 다른 방법은 무엇일까? 모든 사람을 일일이 만날 수는 없다. 게다가 대화를 나누기 위해서는 특정 장소나 특정 시점에서 모두가 한 자리에 함께해야 하는 번거로움이 있다. 효과는 적을지 몰라도 간편한 대화 나누기의 효과를 거둘 수 있는 다른 방법이 있다.

바로 트위터를 활용하는 일이다. 다소 중독성이 강한 면이 있긴 하지만 적절하게 트위터를 활용하면 다양한 사람들의 의견을 들을 수 있다. 동시에 다른 사람의 고민도 이해할 수 있다. 물론 턱없는 이야기나 단순한 가십이나 아무런 의미 없는 이야기만을 늘어놓는 사람들도 있다. 그럼에도 팔로어 수가 어느 수준을 넘게 되면 꾸준하게 좋은 의견이나 질문 그리고 아이디어를 제시하는 사람들이 나타나게 된다.

나는 일면식도 없는 트위터 친구들이 올린 간단한 질문에서 글쓰기 영감을 얻을 때가 있다. 또한 사람이 크게 의식하지 않고 주고받는 대화 속에서 사람들의 관심거리와 고민을 엿볼 수 있다. 트위터도 공짜가 없다고 생각한다. 트위터의 타임 라인 상에 자신의 의견이나 주장 그리고 다른 사람들에게 유익함을 가져다줄 수 있는 콘텐츠를 자주자주 올림으로써 대화를 더욱 적극적으로 이끌 수 있다.

이따금 그렇게 귀한 정보를 자꾸 타인에게 주면 어떻게 하느냐고 걱정하는 사람들도 있을지 모르지만 귀한 것일수록 다른 사람들에게 줌으로써 기대하지 않은 효과를 거둘 수 있는 것이 트위터로 대화하기를 통한 방법이다. 대화하기의 끝자락에서 빼놓을 수 없는 것은 대화 내용 가운데 인상적인 부분을 가벼운 글쓰기 소재로 삼아서 여러분의 생각을 정리해보는 일이다.

대화 속에 나온 질문이나 아이디어를 여러분의 과제로 생각하고 이에 대해 간단한 아이디어를 정리해보는 일이 도움될 것이다. 때로는 그렇게 제시된 간단한 아이디어가 사업상의 기회로 연결될 가능성도 얼마든지 있다.

# 거대한 공감의 공간
# '트위터 활용하기'

## 무한히 진화하는
## 트위터의 매력

"역사는 BTBefore Twitter와 ATAfter Twitter로 나누어진다."

내가 트위터를 시작하고 며칠이 지나지 않아서 한 말이다. 사실 나는 트위터에 대해 안 좋은 선입견을 갖고 있었다. 그래서 나는 140자 내외의 글을 자유롭게 올리고 타인과 소통할 수 있는 트위터가 인기를 끌 때까지도 하지 않았다. 그러다가 막상 시작하고 보니 더 일찍 할 걸 하는 후회가 들었다.

일단 트위터는 그 어떤 인터넷 서비스보다 재미있다. 이런 장점 이면에 강한 중독성이란 단점도 갖고 있다는 것을 알아야 한다. 그럼에도 나는 사용하면서 트위터가 가진 실용성을 알게 되었다. 트위터가 그냥 재미있어서 좋아할 수도 있지만 늘 한정된 시간을 쫓기듯 사용해야 하는 사람에겐 재미라는 효용만으로 트위터를 자주 할 수는 없는 일이기 때문이다.

이 책을 읽는 독자들 가운데 사회적인 직위가 있고 나이가 꽤 든 분들에게는 트위터를 해보라고 권하기가 망설여진다. 그리고 또 어떤 사람은 트위터가 누구나 다 하는 SNS 가운데 하나이기 때문에 해야 한다고 이야기할지 모르지만 동의하기 어렵다. 비교적 자기 관점이 뚜렷한 사람들은 모두가 유행하기 때문에 어떤 영화나 책을 읽어야 한다는 의견에 동의하지 않을 것이다. 한마디로 유행에 대해 나름대로 견해가 확고한 사람들은 유행에 연연해 하지 않는다.

웬만큼 나이가 있고 지위가 있는 사람일수록 스스로 꼭 필요하다는 확신이 들지 않는다면 선뜻 새로운 것을 받아들이지 않는다. 그러니까 어떤 행위에 자신만의 의미를 부여할 수 있을 때만이 지속적으로 그 활동을 할 수 있다. 나 자신이 트위터를 즐겨 사용할 뿐만 아니라 타인에게 권하는 데는 단연코 실용적인 이익이 있기 때문이다. 활용하기에 따라서 여러 가지 용도로 쓰일 수 있을 뿐만 아니라 개인 학습에도 유용한 도구로 쓰일 수 있다. 나는 트위터를 늦게 시작했다는 자책감에 급기야 모바일기기 사용을 권하는 책인 《모바일혁명》(21세기북스)을 쓰게 됐다. 나는 그 책에서 트위터의 미래와 활용에 대해 이런 이야기를 한 바 있다.

"트위터가 처음에는 신변잡기를 이야기하는 사적인 도구로 출발했을지 모르지만, 시간이 지남에 따라 사용자의 필요와 욕구에 맞춰서 진화하고 있다고 생각한다. (……) 사실 트위터가 신변잡기를 주고받는 식으로 운영된다면 오늘날처럼 바쁘게 돌아가는 사회에서 누가 트위터를 즐길 수 있을까? 그런 것을 즐겁게 여기는 사람들도 있겠지만 바쁜 직장인들에겐 쉽지 않은 일이라고 본다.

앞으로도 트위터는 단순히 사적인 이야기를 주고받는 매체가 아닌 무엇인가 가치 있는 정보나 지식을 상대방에게 전달하고 공유하는 도구나 수단으로 변신해 나갈 것이다. 달리 표현하면 트위터는 학습이나 정보 공유를 위한 거대한 가상공간으로 탈바꿈하고 있다고 할 수 있다."

바쁘게 지내는 사람들에게 트위터를 공부법의 하나로 적극 활용하라고 권하는 것은 그만큼 가치가 있기 때문이다. 물론 타임 라인을 보면 지나치게 많은 시간을 트위터에서 보내는 사람들도 있다. 나름의 이유가 있겠지만 스스로 중독되었다고 판단되면 주의해야 할 일이다. 하지만 업무상 필요한 사람이라면 적절하게 거리를 유지하면서도 트위터가 가진 장점을 충분히 활용할 수 있을 것이다.


· ·

## 트위터,
## 단점은 버리고 장점만 취하라


트위터가 주의력을 분산시킨다는 것은 분명하다. 나름대로 적절한 견제 장치를 마련하는 것이 필요하다. 트위터의 장점을 활용하면서 단점을 줄여나가는 일이다. 최근에 나는 트위터 등으로 주의력이 분산되는 일을 줄이기 위해 접속 시간을 간단하게 메모해두는 방법을 사용하고 있다.

우선 나는 트위터와 함께 잠을 깬다. 조금 우스운 이야기일 수 있지만, 스마트폰의 자명종이 새벽 이른 기상을 알리고 나면 잠을 깨우는 데 유용한 방법 가운데 하나가 간밤에 도착한 트위터 내용을 죽 훑어보는 일이다. 따라서 일어나서 맨 처음 하는 일은 자명종을 끄는 일이고 그다음에 하는 일은 트위터의 타임 라인을 확인하는 일이다.

잠자리에 들고 난 이후 몇 시간 동안 도착한 트윗을 확인하는 것으로부터 하루를 연다. 따라서 나의 하루는 트윗 읽기로부터 시작된다고 할 수 있다. 그다음부터는 가능하면 한 시간 정도 터울로 트위터에 접속하려고 노력한다. 다른 인터넷 서비스와 마찬가지로 트위터 역시 집중적으로 업무를 처리해야 할 때는 집중력을 떨어뜨리기 때문이다.

그래서 트위터에 지나치게 자주 접속하는 일은 자제하도록 자신에게 자주 명령하곤 한다. 거듭 이야기하지만 나는 나 자신의 발전을 위해 트위터와 같은 새로운 도구나 수단을 적극 활용한다. 처음에는 엉성하게 시작되었지만 갈수록 자리를 잡은 활동이 바로 아침 6시를 전후해서 보내는 '새벽 단상'이다. 대부분은 하나의 메시지만 보내지만 어떤 날은 '새벽 단상 1' '새벽 단상 2' '새벽 단상 3' 등의 순서로 연속해서 메시지를 보내곤 한다.

새벽 단상은 나의 메시지를 받아보는 많은 사람에게 용기와 위안 그리고 지혜를 주는 서비스로 자리를 잡았다. 트위터를 시작하고 나서 이런 생각을 해보았다. 이왕 트위터를 시작한다면 의미 있는 일을 할 수 있어야 하지 않을까? 그래서 시작하게 된 것이 '새벽 단상'인데 예를 들자면 다음과 같은 것들이다.

"이른 아침 새소리. 길가를 지나는 차 소리. 웅하는 컴퓨터 소리. 봄비가 내릴 것만 같은 하늘. 살며시 주변을 둘러보고 귀 기울이면 반복하는 일상도 새로움으로 산뜻하게 단장할 수 있어요."(새벽 단상)

"해야 할 일은 많고 진척은 더디게 이뤄질 때. 이것저것 잘하려는 욕심을 내려놓고 당장 집중해야 할 구체적인 일에 초점을 맞춰 시작해봐요. 마치 다른 일들은 전혀 없는 것처럼."(새벽 단상)

아침부터 시작된 트위터 사랑은 한 시간 간격으로 메시지를 올리기도 하고 좋은 메시지를 다른 사람이 볼 수 있도록 전체보기(RT)도 하고 다른 사람의 메시지에 설명을 달기도 한다. 특별한 경우가 아니면 나는 저녁 무렵 홈페이지에 만들어져 있는 '새벽 단상'이란 코너에 하루 동안 올랐던 메시지를 30여 분 정도 정리하는 시간을 가진다. '트윗 복습하기', 멋지지 않은가? 자신의 귀한 시간과 에너지를 투입한 문장들이나 아이디어들이 타임 라인을 따라서 그냥 흘러가버리는 것은 너무 아까운 일이다. 이는 내가 만들어낸 멋진 트위터 활용법 가운데 하나다. 나에게 트윗은 밥을 먹고 옷을 입는 것처럼 생활의 한 부분으로 완전히 자리를 잡았다.


## 공부법으로서의
## 효과 6가지

공부법으로서 트위터가 가진 중요한 효과를 다음 6가지로 나눠볼 수 있다.

첫째, 공감능력을 업그레이드하는 방법으로 활용할 수 있다. 우리가 만나는 사람의 폭은 무척 좁다. 더욱이 만나는 사람의 연령대를 폭넓게 유지하기는 쉽지 않다. 여러분이 40대라면 20대와 만나서 대화할 기회가 얼마나 힘든지 알고 있을 것이다. 트위터가 주는 효과 가운데 하나는 특별한 약속 없이 다양한 사람들의 이야기를 듣고 그들과 간단한 대화를 주고받을 수 있다는 점이다.

둘째, 귀한 정보의 원천으로 활용할 수 있다. 트위터에 참가하는 사람들은 크게 세 유형으로 나눌 수 있다. 우선 타인의 정보를 주로 습득하고 소비하는 사람들, 그리고 다른 한쪽은 끊임없이 새로운 정보를 만들어서 유통하는 사람들이다. 그밖에 정보의 소비와 생산의 중간에 있는 사람들이 있다.

그 중 특별히 공부법이란 측면에서 도움을 받을 수 있는 사람들은 자신의 분야의 새로운 경향과 동향 정보를 계속해서 공급하는 사람들이다. 이들이 많지는 않으나 관심 있게 보면 특정 분야에서 이런 역할을 하는 사람이 반드시 있다. 이들의 메시지를 꾸준하게 받아보면 크게 도움이 될 것이다.

셋째, 궁금해하는 사항에 대해 다른 사람들의 의견이나 아이디어를 들어보는 수단으로 트위터를 활용할 수 있다. 이를테면 트위터 팔로어에게 "이런 문제에 대해 여러분은 어떻게 생각하세요?"라는 질문을 던져볼 수 있다. '집단지성의 극대화'를 위한 초보적인 도구로 활용할 수 있는데, 나는 이를 적극 활용하고 있다. 여기서 모인 아이디어들이 그냥 넘기기에 아까운 경우엔 홈페이지 등에 정리해서 결과를 올리기도 한다.

팔로어가 충분하지 않은 사람들은 팔로어 수가 많은 사람과 친밀한 관계를 유지함으로써 트위터의 이런 기능을 활용할 수 있을 것이다. 전문가와 비전문가를 막론하고 특정 문제에 대해 다른 사람들의 생각이나 의견 그리고 아이디어를 받아보는 일은 기대 이상의 도움을 준다.

넷째, 트위터를 아이디어로 만들어내는 멋진 방법으로 활용할 수 있다. 어떤 수단이나 도구가 갖는 고유한 기능을 반복적으로 사용하면 원래의 수단이나 도구의 의미를 넘어설 수 있다. 어떤 사람은 나에게 그렇게 번뜩이는 아이디어를 트윗으로 마구 공개하는 것이 손해가 될 수 있다고 말하기도 한다. 그러나 특정 장소와 시점에서 머리를 스쳐 지나가는 단상이나 아이디어를 그냥 생각하는 것에 그치면 그런 단상이나 아이디어들은 망각의 늪으로 사라지고 만다.

이때 그것을 트윗에 담아서 바깥으로 표현해보면 그제야 비로소 그것을 붙잡을 수 있다는 것이다. 그런 표현이 또 다른 단상이나 아이디어를 만들어내는 데 강력한 모티브를 제공하게 되는 것이다. 때로는 단상이나 아이디어가 없는 상태에서 마치 아이디어를 스케치하는 것처럼 트위터에 글을 남기다가 의외의 것들을 만들어낼 수도 있다.

다섯째, 트위터는 단상이나 아이디어 만들기를 위한 훈련 코스와 같다. 마치 근육이 단단해지는 것과 비슷한 상황이 자신의 두뇌 속에 일어나고 있음을 알 수 있다. 유추해보면 책 읽기가 가장 긴 호흡의 훈련 코스이고, 그다음 중간 호흡의 훈련 코스는 가벼운 글쓰기이며, 마지막으로 아주 짧은 그러니까 스팟에 가까운 호흡의 훈련 코스는 트위터에 글 올리기라 할 수 있다. 이들의 공통점은 아이디어를 만들고 아이디어를 풀어내도록 도움을 준다는 점이다.

마지막으로 트위터는 메모장 용도로도 활용할 수 있다. 예를 들어,

여러분이 신간 서적을 읽는다고 할 때 좋은 문장을 만나면 '참 괜찮다'고 생각할 수도 있지만, 그 문장들을 읽어나가는 도중에 트위터에 올려보는 방법도 괜찮다. 그러니까 좋은 문장들을 한 번 더 적어보는 것과 같은 효과를 거둘 수 있다. 학생들이 공부할 때 기억해야 하는 것을 적어보는 것과 비슷한 효과를 거둘 수 있다고 본다. 그 밖에도 공부법 차원에서 트위터가 가져다주는 효과는 많을 것이다.


## 말 많은 트위터,
## 현명하게 접근하라


트위터 활용 방법은 너무나 간단하다. 머뭇거리지 말고 즉시 트위터 계정을 열고 시작하면 된다. 이것저것 깊이 생각할 필요 없이 즉시 실행에 옮기면 된다. 다만 트위터 계정을 오픈할 때 아이디는 타인들이 자신을 인식하는 상호와 같아서 익명의 사람들에게 공개되는 것을 원칙으로 할 경우를 염두에 두어야 한다.

자신의 실명이 타인에게 공개되는 것에 다소 문제가 있거나 더 자유롭게 소통하기를 소망하는 사람이라면 아이디 선택에서 자신의 이름이 드러나는 것을 피하면 된다. 그리고 메시지를 받는 일은 활발하게, 반면 메시지를 송신하는 일은 보수적으로 하면 큰 문제는 없을 것이다.

앞에서 설명한 여러 가지 효과 중에서 공부법이란 측면에서 볼 때 어떻게 트위터를 활용하는 것이 나에게 도움될지를 염두에 두면 트위터를 더욱 생산적인 용도로 활용할 수 있을 것이다. 나는 트위터 사용도 다른 것들과 마찬가지로 '생각하면서 트윗하기'를 하면 바람직하다고 본다.

자신의 소중한 시간과 에너지를 투입하는 일이기 때문에 어떻게 하면 좀더 생산적이고 효과적으로 사용할 것이냐는 과제를 안고 트위터를 대하는 것이다. 물론 사람에 따라 다른 의견을 가진 사람들도 있겠지만, 신변잡기를 털어놓는 데 지나치게 많은 시간을 쏟는 일이 바람직한가에 대해선 한 번 정도 점검해봐야 한다. 내가 1년 정도 트위터를 사용하고 얻은 나름의 경험지식을 간단하게 소개하겠다.

여러분이 조금이라도 이름이 알려진 사람이라면 동조 압력에 대해 충분한 준비를 하고 있어야 한다. 예를 들어, 어떤 사회현안이 있을 때 익명의 사람들이 여러분에게 입장이나 의견을 밝힐 것을 권할 수 있다. 권하는 차원을 넘어서 약간의 압력(?)을 행사할 수 있다. 그런데 이런 때에는 주로 찬성과 반대가 명확히 갈리는 경우이기 때문에 여러분의 입장이 특정한 사람들이나 집단에게는 매우 섭섭한 이야기로 받아들여질 수 있다.

그렇기 때문에 여러분이 제시하는 의견이 가져올 수 있는 파급효과를 충분히 고려한 다음에 견해를 밝히는 것이 좋다. 동조압력은 그냥 압력 정도로 간주하고 첨예한 문제에 대해서는 입장을 유보하는 것도 한 가지 대안이다. 다른 한 가지는 트위터 문장이 아주 짧아서 구어체 문장은 이따금 구설에 오를 수 있다는 것이다. 이야기를 주고받는 맥락을 제쳐놓고 한 문장이나 두 문장만 떼어서 보면 이따금 익명의 다수로부터 심한 비난의 대상이 될 수도 있다.

따라서 트위터 상의 대화는 항상 거두절미한 문장들이 가져올 수 있는 파급효과를 염두에 두어야 한다. 나도 한번 호되게 비난을 받은 경우가 있었는데 이런 경우를 통해서 배운 것은 표현은 정중하게, 문어체로 차분한 문장을 사용하는 것이 최선의 선택이란 점이다.

문맥을 충분히 고려할 때 이해될 수 있는 문장이라면 늘 그 문장을 뚝 떨어진 상태로 표현했을 때 상대방이 어떻게 받아들일 것인가를 염두에 두어야 한다. 그런데 여러분이 조심해서 사용하더라도 문제가 생길 수도 있다. 트위터 여론은 마치 폭풍우나 스콜과 같은 특성이 있기 때문에 비난의 대상이 될 때에는 당분간 트위터를 끈 채 소강상태가 될 때까지 기다리면 된다. 이런 위급 상황에 맞서 상대방을 설득하려고 해봐야 아무 소용이 없다는 점을 염두에 두어야 한다.


• •

## 트위터의 빛과 힘을
## 100퍼센트 활용하라

트위터를 할 때 약간은 보수적일 필요가 있다. 예를 들어, 트위터 공간에선 자신의 의견을 마음껏 표현하는 사람들이 많다. 자신이 보기에도 말도 안 되는 그런 주장을 펼치는 경우가 있다. 이런 트윗을 목격하는 순간 여러분은 다음과 같이 말해주고 싶을 것이다.

"당신 생각이 잘못되었어요. 당신은 이런저런 점이 틀렸어요."

말하기 전에 한 번 더 생각해야 한다. 마치 질주하는 차량 앞에 방해물을 발견한 기분을 상대방에게 줄 수 있기 때문이다. 꼭 반대 의견을 피력해야 한다면 좀더 정치적인 발언을 하는 것이 좋을 것이다.

"당신 의견도 일리가 있지만, 이렇게도 생각해볼 수 있지 않겠는가."

그런데 동감하는 부분은 적극 표현해도 되지만 반대하는 경우는 가능한 의견을 자제하는 것이 불필요한 감정 소모를 줄이는 방법이다. 어떤 사람들은 의견과 반대를 구분하지 못하기 때문에 강력하게 반발할 수 있다. 그렇게 되면 좋은 의도이더라도 반대를 표한 것 때문에 감정적인 낭비가 되는 경험을 할 수 있다.

자신의 문제에 굳은 확신을 가진 사람은 그냥 내버려두는 것도 한 가지 방법이다. 꼭 지적하고 싶다면 정면 승부가 아니라 측면 승부를 하라고 권하고 싶다. 그러니까 직접 언급하지 말고 비슷한 메시지를 갖고 다른 의견을 표하는 것이 도움될 것이다. 마지막으로 트위터 문장은 어떤 모습으로든지 흔적을 남긴다는 사실을 염두에 두어야 한다.

남겨진 흔적은 제법 오래가기 때문에 트위터에서 평판을 적극 관리해야 할 것이다. 특히 누군가로부터 평가를 받아야 하거나 누군가를 의식해야 하는 대부분 사람이라면 자신이 남긴 트윗이 어떤 모습으로든 오래오래 남는다는 것을 염두에 두고 트위터를 활용해야 한다. 이제 취업이나 거래 그리고 만남 등에서 상대방을 사전에 알아보는 중요한 수단으로 이미 트위터가 적극 활용되고 있기 때문이다.

누군가 여러분의 트위터 타임 라인을 방문해서 꽤 많은 메시지를 훑어보고 판단을 내린다는 점을 알아야 한다. '그런 법이 어디에 있는가'라고 항의할 수도 있지만 일단 여러분이 남긴 트윗은 공적인 영역에 한동안 머물기 때문이다. 프라이버시와 관련해서 상대방의 타임 라인을 확인하고 특정 목적에 활용하는 것이 올바른 일이냐는 문제는 분명히 논쟁거리에 속한다. 트위터가 주는 장점이 있지만, 단점도 있다.

하지만 세상이 당연히 그래야 한다는 것과 세상이 돌아가는 본래 모습은 다르다. 의사결정 권한을 가진 상대방이나 혹은 경쟁자들이 여러분의 트윗을 악용하지 않도록 주의해야 한다. 그것은 본의 아니게 불편한 이야기에 노출되는 빈도가 늘어나게 된다는 점이다.

따라서 일종의 감정적인 측면에서 '방화벽fire wall'을 스스로 설치할 필요가 있다. 허무맹랑한 이야기를 반복적으로 펼치는 사람을 애써 무시하고 넘어가는 법, 반복적으로 싸움 거는 사람의 메시지를 차단하는 법, 습관적으로 트위터에 접속하지 않도록 나름의 안전장치를 가지는 법 등이 있다.

이런 단점에도 불구하고 많은 시간을 들여서 다양한 사람들을 만나지 않더라도 세상 돌아가는 전반적인 추세를 이해하는 공부법으로서 트위터는 멋진 방법 가운데 하나임이 틀림없다. 세상사 모든 것이 빛과 그림자가 있게 마련인 법이다. 학습법으로서 트위터 또한 그러한즉슨 빛은 빛대로 그림자는 그림자대로 가려서 제대로 활용하면 된다.

# 공부만이 '나의 내일'을 구한다

"평균은 끝났다The Average is over."

퓰리처상 수상자 토머스 프리드먼이 한 칼럼에서 어중간한 노동자가 더 나은 생활 수준을 누리기는 점점 어려워질 것이라며 한 말이다.

"예전에는 평균적인 기술을 가진 노동자가 평균적인 일을 하면 평균적인 생활양식을 누릴 수 있었다. 그러나 오늘날 평균은 공식적으로 끝났다. 평균이 되더라도 이전과 같은 것을 누릴 수는 없다."

나는 이 칼럼을 읽던 중 단상이 스쳐 갔다.

"뿌리지 않는데 어떻게 수확할 수 있는가? 이따금 조급하게 성과를 내야 한다는 마음이 앞서더라도 여러분에겐 시간을 두고 좋은 씨앗을 뿌리고 제대로 경작하는 일이 필요하다. 이때도 반드시 중요한 것은 구체적인 계획을 갖고 체계적으로 작업하는 일이다. 좋은 학습법이 여러분 삶에 주는 메시지가 바로 이것이다."

토머스 프리드먼의 이야기가 어디 미국에만 적용되는 이야기일까. 우리도 현재 경제는 성장하는데 삶의 수준은 나아지지 않는다는 불만과 분노의 목소리가 높아지는 시대를 살고 있다. 끊임없이 누군가를 탓하며 불평불만하는 사람들의 목소리를 안타깝게 여기지만 나는 프리드먼의 지적에 공감한다.

그는 세계화와 자동화와 정보기술 혁명이 앞으로도 어중간한 노동자의 생활 수준이 높아질 가능성을 더 낮출 것으로 전망했다. 그가 근로자에게 제시하는 조언은 짧고 단호하다.

"모든 사람은 추가 사항을 찾을 필요가 있다. 그것은 어떤 고용시장에서도 그들을 두드러지게 할 그들의 독특한 가치다."

여러분만의 '독특한 가치'는 어디서 나오는 것일까? 그것은 스스로 '자신을 가르치는 교사'로서 평생을 살아가는 것이다. 특히 정규 교육과정을 마친 다음에 본격적으로 스스로 배우고 익히는 프로젝트를 체계적으로 수행해야 한다. 지금은 이런 자극을 주는 정보들도 많고, 시대 분위기도 그런 것을 강조하고, 원한다면 배울 수 있는 곳이나 정보원도 많다.

그러나 내가 정규 교육과정을 모두 마친 다음에 직업 전선에 뛰어들었을 때만 하더라도 오늘날과 같은 분위기는 아니었다. 한번 선택한 직장에서 오래오래 근무하는 것이 미덕이었고 기업은 큰 잘못이 없으면 마치 가족처럼 정년까지 보장하는 것이 대세였다. 나는 이런 분위기 속에서도 정확하게 시대가 어디로 흘러가고 있는지를 알아차렸다. 내가 스스로 준비하지 못하면 어떤 운명에 처하게 될지를 정확히 이해하고 있었다.

그래서 당시의 시대 분위기를 벗어나서 '자신을 가르치는 교사'가 되기 위해 무던히도 노력했다. 그냥 노력한 것이 아니라 필사적으로 노력해왔다고 해도 무리가 아니다. 그런 노력에 대해서 지금 나는 적절한 보상을 받고 있으며, 앞으로도 그런 보상이 계속될 것이다. 그 보상은 무대에서 사라지지 않고 '영원한 현역'으로 활동할 수 있는 지적 기반을 만들어내는 데 어느 정도 성과를 거둔 것이다.

함께 일했던 사람들 가운데 제법 많은 사람이 이미 자의 반 타의 반으로 조직을 떠나는 시기가 되었다. 열심히 일했지만, 체계적으로 자신의 가치창출 능력을 수선하고 계발하는 일을 추진하지 않았던 사람들은 쉽지 않은 상황에 놓이게 되었다. 내가 이 책에서 말하고 싶은 것은 상황이 자신을 어려운 지경에 내몰지 않도록 젊은 나이부터 장기적인 시각을 가지라는 것이다. 그리고 어떤 가치를 갖는 인재로 자신을 만들어가야 할지에 대해 목표를 세우고 그 목표가 가능하도록 배움을 게을리하지 말아야 한다는 점을 강조하고 싶다.

이 책은 나 자신이 어떻게 스스로를 가르쳐왔는지 그리고 지금은 어떻게 가르치고 있는지에 대한 구체적인 방법을 정리해본 것이다. 사람의 생김새가 다르듯이 공부법, 즉 학습 방법도 제각각일 것이다. 그러나 타인의 공부법과 자신의 것을 비교해가면서 더 나은 방법으로 자신의 공부법을 갈고닦는 것은 매우 중요하다. 그냥 열심히 하는 것만이 능사는 아니다. 무엇을 해야 할지를 정확히 이해하고 이를 효과적으로 개발하는 일이 반드시 필요하다. 이런 면에서 이 책이 여러분에게 큰 실천적인 지혜를 제공할 수 있으리라 믿어 의심치 않는다.

KI 신서 4033

# 공병호의 공부법

1판 1쇄 발행 2012년 6월 12일
1판 6쇄 발행 2012년 7월 25일

**지은이** 공병호
**펴낸이** 김영곤  **펴낸곳** (주)북이십일 21세기북스
**부사장** 임병주
**MC기획2실장** 안현주  **기획** 조영갑 김은경 이지혜 조영실
**출판개발실장** 주명석  **편집1팀장** 정지은  **디자인 표지** 엔드디자인  **본문** 성인기획
**마케팅영업본부장** 최창규  **마케팅** 김현섭 김현유 강서영  **영업** 이경희 정병철
**출판등록** 2000년 5월 6일 제10-1965호
**주소** (우 413-120) 경기도 파주시 회동길 201(문발동)
**대표전화** 031-955-2100  **팩스** 031-955-2151
**이메일** book21@book21.co.kr  **홈페이지** www.book21.com
**21세기북스 트위터** @21cbook  **블로그** b.book21.com

© 공병호, 2012

ISBN 978-89-509-3789-8 13320
책값은 뒤표지에 있습니다.